LOW CARB BACKEN

vivo buch

INHALT

VORWORT

Low Carb ist mehr als eine trendige Ernährungsvokabel. Es ist ein Lebensgefühl. Und zwar eines von besonderer Leichtigkeit und Gesundheit; von einer Figur, mit der man sich wohl fühlt, und einem Körper, der vital ist. Und was ist mit Geschmack und Genuss? Immerhin sind auch dies wichtige Attribute für unser persönliches Lebensglück. Stimmt! Und genau deshalb schließen moderne Low-Carb-Konzepte den Sinn für das Schöne und Schmackhafte eben auch nicht mehr aus. Sogar das Gegenteil ist der Fall: Pfiffige Rezept-Kreationen arbeiten mit einer ausgesuchten Vielfalt von gesunden Ersatzstoffen für Kohlenhydrate, mit denen sich Gerichte kreieren lassen, die kulinarisch kaum einen Unterschied aufweisen zu den üblichen Kohlenhydrat-Klassikern. Eine besondere Herausforderung galt dabei lange Zeit vor allem der Kategorie des Backens; sind doch Mehl und Zucker gerade die Hauptbestandteile der Zubereitung und machen feines Gebäck damit zu einer echten Kohlenhydrat-Bombe. Doch fleißige Köche und Konditoren haben einfach nicht lockergelassen und so lange getüftelt, bis sie Mittel und Wege gefunden haben, um selbst bei Kuchen und Co. die Carbs zu reduzieren – den Geschmack dabei aber voll zu erhalten. Gesünder geht es nicht. Leichter ebenfalls nicht. Und genussvoller schon gar nicht. Lassen Sie sich überraschen: Mit den folgenden Seiten gelingt auch Ihnen der perfekte Kuchen – ohne Carbs!

Einleitung

„Low Carb“ ist zwar ein besonders aktueller Ernährungstrend, aber deshalb noch lange nicht neu. Sogar das Gegenteil ist der Fall: Eine Ernährungsweise, die Kohlenhydrate reduziert, wurde bereits in den 1970er-Jahren durch den amerikanischen Ernährungsexperten Robert Atkins propagiert. Damals taufte man das Konzept zwar noch nicht auf die trendige Vokabel „low carb“, inhaltlich stimmte man aber im Wesentlichen mit dem überein, was auch heute als gesunder und schlanker Ernährungstrend von immer mehr Menschen gelebt wird – jedoch mit einem kleinen Unterschied. Im Gegensatz zu Atkins' Zeiten werden Kohlenhydrate heute nämlich nicht zwingend zur Gänze vom Speiseplan gestrichen. Mit der englischen Betitelung „low carbohydrates“ meint man übersetzt vielmehr so viel wie „wenig Kohlenhydrate“. Reduzieren, anstatt komplett zu verzichten, ist die moderne Philosophie im Umgang mit Kohlenhydraten.

Was sind Kohlenhydrate?

Kohlenhydrate zählen zur Nährstoffklasse der Stärke und Zucker. Vor allem Mehl und damit eben auch Teigwaren (z.B. Brot, Pizza oder Pasta) weisen viele Kohlenhydrate auf. Aber auch süße Produkte wie Schokolade oder Gummibärchen sind echte Carb-Bomben. Ebenfalls zählen Kartoffeln und damit sämtliche Produkte, die aus den Erdäpfeln hergestellt werden (z.B. Chips oder Pommes), zu den Klassikern in Sachen Kohlenhydrate. Produkte oder Lebensmittel, die absolut gar keine Carbs beinhalten, gibt es so gut wie nicht. Spricht man also von kohlenhydratarmen Lebensmitteln, sind damit vielmehr solche gemeint, die pro 100 Gramm einen Anteil von weniger als 10 g Kohlenhydrate aufweisen.

Kohlenhydrate: Wie schlimm sind sie wirklich?

Kohlenhydrate sind per se nichts Schlimmes, Gefährliches oder Schädliches. Sie gehören, neben Fetten und Eiweißen, zu den Grundbausteinen einer ausgewogenen und damit gesunden Ernährung. Komplett ohne Kohlenhydrate könnte der Organismus überhaupt nicht funktionieren; Muskeln würden ihre Kraft verlieren und der Geist seine Konzentration. Selbst Stoffwechselprozesse und organische Aktivitäten laufen ohne ein Grundpensum an Kohlenhydraten nicht richtig ab. Dass Kohlenhydrate in jüngster Zeit in Verruf geraten sind, hat einen anderen Grund. Es sind nämlich nicht die Carbs schlecht oder schädlich; es ist vielmehr unser Umgang mit Kohlenhydraten, der aus der Balance geraten ist und so entsprechende Ernährungsproblematiken mit sich zieht. In unserem modernen Speiseplan nehmen Carbs nämlich schlichtweg einen zu großen Part ein, während wir uns im Alltag gleichzeitig immer weniger bewegen oder Sport machen und damit die sogenannte Carb-Falle überhaupt erst entstehen lassen. Vergleichen wir unseren Ernährungs- und Lebensplan mit dem der urzeitlichen Generationen, sind die Unterschiede mehr als augenscheinlich: Während die Jäger und Sammler von damals hauptsächlich Fleisch, Fisch, Pflanzen und nur in geringen Mengen Getreide zu sich genommen haben, hat sich dieses Verhältnis heute ins Gegenteil gekehrt. Unser aktueller Speiseplan besteht zu einem Großteil aus Getreide. Kohlenhydrate in Form von Brot, Brötchen, Kuchen, Pasta, Pizza und vielem mehr bestimmen unseren Alltag. Tatsächlich gibt es erst seit wenigen Jahrzehnten eine industriell organisierte Form des Ackerbaus. Dies ist eine Tatsache, die vermuten lässt, dass eine getreidereiche Ernährung nicht unbedingt unseren ursprünglichen Ernährungsgewohnheiten entspricht.

Dieses Übermaß an Kohlenhydraten steht zudem einem Defizit an Bewegung und körperlicher Arbeit entgegen. Und genau diese Tatsache fällt buchstäblich ins Gewicht. Kohlenhydrate zählen zu den energiereichsten Nährstoffgruppen überhaupt. Sie sind purer Brennstoff für unseren Körper. Nutzen wir dieses natürliche Benzin aber nicht oder nicht ausreichend, indem wir es durch muskuläre Anstrengung beim Sport, bei der Arbeit im Garten oder Job oder durch lange, regelmäßige Fußmärsche und Ähnliches verheizen, verbrauchen wir die zugeführte Carb-Energie nicht, sondern speichern sie. Und zwar in Form von ungeliebten Speckpölsterchen am Hosenbund. Das ist wiederum nicht nur frustrierend, sondern vor allem auch alles andere als gesund.

Insofern sei aber eben auch nochmals wiederholt, dass Carbs per se nichts Schlechtes sind. Für Großteile der Welt ist Getreide genau aus dem Grund, dass es so ein effizienter und günstiger Energielieferant ist, sogar das wichtigste Hauptnahrungsmittel. Allein aus diesem Grund machen Carbs aber auch noch lange nicht dick oder krank. Erst wenn dem Köper mehr Energie zugeführt wird, als er verbrennt, wandelt sich die zugeführte Energie in ungeliebte Polster rund um Hüfte und Po um. Und noch eines sollte man wissen: Für die Energiebilanz des Körpers ist es unterm Strich auch vollkommen gleichgültig, ob diese Energie aus Getreide oder aus Fleisch, Milchprodukten oder Süßigkeiten besteht. Die Rechnung bleibt immer die gleiche. Nämlich: Eine Kalorie ist eine Kalorie ist eine Kalorie. Abnehmen tut immer nur derjenige, der seinem Körper weniger Energie zuführt, als er verbraucht. Der Prozess der Gewichtsreduktion ist, vereinfacht gesprochen, also nichts weiter als eine Energiebilanz. Unabhängig davon, ob man die Energie aus Kohlenhydraten, Fetten oder sonstigen Nährstoffen zu sich nimmt. Da Carbs jedoch nicht nur einen hohen Energiebrennwert haben, sondern zudem auch in übermäßig großer Menge auf unserem Speiseplan stehen, gebieten Low-Carb-Ernährungskonzepte insofern einen gelungenen Einhalt, als sie durch eine gezielte Kohlenhydrat-Reduktion wieder eine Balance in unseren Energiehaushalt und unseren Ernährungsplan bringen.

„Low Carb". Nicht „No Carb"!

Moderne Rezepte reduzieren also bewusst den Carb-Anteil, verfallen aber nicht permanent in einen extremen Komplett-Verzicht. Wie in allen Fragen der Ernährung kommt es auch hier auf das Maß an. Grundsätzlich sollte in einer ausgewogenen Ernährung eines gesunden Menschen auch eine Vielfalt an Kohlenhydraten enthalten sein. „Low Carb" steht also für eine Reduktion, nicht aber für einen Verzicht auf Kohlenhydrate. Und damit allein ist das „Low Carb"-Konzept übrigens auch noch nicht zufrieden. Neben der gesunden Carb-Reduktion geht es gleichzeitig darum,

keine Ungleichgewichte im Ernährungsplan entstehen zu lassen. Wer auf Kohlenhydrate verzichtet, dafür aber umso mehr Fette und (tierische) Eiweiße isst, tut Figur und Gesundheit nämlich auch nicht unbedingt einen Gefallen. Ein zu hoher Eiweißkonsum könnte zu Problemen mit dem Cholesterinspiegel und der Nierenfunktion führen. Und was passiert, wenn wir zu viel Fett essen, liegt ebenfalls auf der Hand: Die Arterien leiden – und die Bikinifigur ebenso. Auch hier gilt also einmal wieder: Sämtliche Nährwerte müssen in einer ausgewogenen Balance stehen, um gesund zu sein und die Figur in Form zu halten.

Die Insulin-Falle!

Dass Carbs in puncto Figur und Gesundheit in Verruf stehen, liegt also vor allem am falschen (oder jedenfalls nicht ausgewogenen Umgang) mit diesem hohen Energielieferanten. Es gibt aber noch einen weiteren Gesundheits- und Ernährungsaspekt, der Carbs ins Kreuzfeuer gebracht hat; dabei geht es um ihre sogenannte Insulinwirksamkeit. Insulin ist ein Botenstoff des Körpers, der wichtig ist, um Nahrung so aufzubereiten, dass sie als Energiereserve, also als Fett(pölsterchen), bereitsteht. Solange Insulin hoch dosiert im Blut ist, ist der Körper fähig, solche Fettreserven zu bilden. Gleichzeitig wird ein Gefühl der Sättigung vermittelt, welches jedoch trügerisch ist. Denn nicht alle Kohlenhydrate enthalten die gleichen Sättigungs- und damit Insulin-Effekte. So gibt es sogenannte schnelle Kohlenhydrate, die zwar kurzfristig ein hohes Energieniveau liefern, den Blutzuckerspiegel (Insulin) in die Höhe schnellen lassen und uns fit fühlen lassen. Doch ebenso schnell, wie sie uns gepusht haben, flachen sie wieder ab. Wir tappen in die Insulinfalle; fühlen uns schlapp, müde und haben Heißhunger auf Nachschub.

Solche „schnellen Kohlenhydrate“ stecken vor allem in hellen Getreidesorten und Zucker. Zucker ist nämlich ebenfalls nichts anderes als ein Kohlenhydrat. Im Unterschied dazu gibt es aber auch langkettige, „langsame“ Kohlenhydrate. Dabei handelt es sich vor allem um sogenannte Ballaststoffe. Ballaststoffe sind pauschal gesagt nichts anderes als pflanzliche Kohlenhydrate. Ballaststoffe kommen in Gemüse und Vollkorn vor und sind komplexer aufgebaut als die Kohlenhydrate, die wir gängig kennen (z.B. Zucker oder Stärke). Dieser komplexere Aufbau sorgt dafür, dass der Verdauungsprozess länger dauert und wir uns damit auch länger gesättigt fühlen.

Zucker und Weißmehl: Die Bösewichte

Kohlenhydrate sind also nicht gleich Kohlenhydrate. Vielmehr gibt es die schnellen Carbs wie Zucker und Weißmehl, die uns zwar einen geschmackvollen Genuss auf der Zunge und einen schnellen Energiekick bescheren, dabei aber so schnell wieder verschwunden sind, wie sie kamen. Gerade beim Backen von Kuchen und Torten ebenso wie Brot oder Brötchen stellt uns dieser Umstand jedoch vor eine Herausforderung. Immerhin gehören Zucker und (Weiß-)Mehl zu unseren wichtigsten Backzutaten. Backrezepte, die diese Insulin-Fallen verbannen wollen, haben sich auf eine lange – und letztlich erfolgreiche – Suche nach adäquaten, kohlenhydratarmen Ersatzstoffen gemacht. Inzwischen gibt es eine gute Auswahl an gesunden Alternativen zu Zucker und Weißmehl – die allesamt auf den folgenden Seiten und in den kommenden Rezepten vorgestellt und verarbeitet werden.

Jedoch versteht sich dieses Backkonzept nicht unbedingt als absolut. Nur weil Alternativen zu Weißmehl und Zucker gefunden wurden, bedeutet das nicht, dass man in einer kohlenhydratachtsamen Ernährung nie wieder mit Zucker oder Mehl backen sollte. Auch hier gilt das oben Gesagte: Carbs – auch wenn sie aus Weißmehl oder Zucker stammen – sind nicht per se etwas Schlechtes oder Ungesundes. Wie eine alte Volksweisheit sagt, macht immer erst die Dosis das Gift. So ist es auch kein Problem (weder für Figur noch Gesundheit) wenn man hin und wieder seine klassischen Carb-Rezepte backt – und vor allem mit Genuss verspeist. Die folgenden Low-Carb-Rezepte sind vielmehr eine Alternative und Ergänzung Ihrer liebsten Backrezepte. Denn am Ende zählt – wie immer – allein die Ausgewogenheit. Kohlenhydratarme Back-Ideen sind eine tolle Möglichkeit, um an Kohlenhydraten zu sparen und trotzdem einen süßen Snack zu genießen. Wer sich überwiegend an einen gesunden und ausgewogenen Speiseplan hält, darf dann auch ruhig hin und wieder die gewohnten Carb-Klassiker aus Zucker und Weißmehl genießen. Solange man es bewusst und mit Genuss tut, spricht rein gar nichts dagegen.

Mehl- und Zuckerersatz beim Backen

Wer kohlenhydratarm backen möchte, ist oft mit der Frage konfrontiert, mit was er Weißmehl und Zucker ersetzen kann. Zum Glück gibt es eine Menge Mehl- und Zuckeralternativen, die wir Ihnen im Folgenden vorstellen:

Mandelmehl

Entöltes Mandelmehl wird besonders gerne zum Backen verwendet, da es bis zu 100 Prozent der gesamten Mehlmenge eines Rezepts ersetzen kann. Als Faustregel gilt: pro 100 Gramm Weizenmehl sollte man 50 Gramm Mandelmehl verwenden. Mandelmehl erhält nur ca. 4 Gramm Kohlenhydrate pro 100 Gramm und ist somit eine wunderbare Alternative beim Backen. Achten Sie darauf, dass das Mandelmehl entölt ist, da Sie dadurch noch eine Menge Kalorien einsparen können. Da Mandelmehl mehr Flüssigkeit bindet, sollte man ca. 10 Prozent mehr Flüssigkeit zufügen, als im normalen Rezept angegeben ist.

Gemahlene Mandeln

Auch gemahlene Mandeln werden gerne in Low-Carb-Backrezepten verwendet. Gemahlene Mandeln und Mandelmehl sehen sich zwar sehr ähnlich, aber sie unterscheiden sich in einigen Punkten. So sind die Nährwerte von Mandelmehl und gemahlenen Mandeln recht unterschiedlich, da gemahlene Mandeln fast zu 50 Prozent aus Fett bestehen. Auch im Geschmack unterscheiden sich Mandelmehl und gemahlene Mandeln. So besitzt Mandelmehl eine leichte Marzipannote, während die gemahlenen Mandeln eher nach den ursprünglichen Mandeln schmecken. Gemahlene Mandeln ziehen nicht sehr viel Flüssigkeit und man verwendet in Backrezepten mit ihnen etwas mehr Ei, um eine gute Konsistenz zu erhalten.

Kokosmehl

Entöltes Kokosmehl ist sehr aromatisch, hat einen geringen Fettgehalt und kann bis zu 25 Prozent der Gesamtmehlmenge ersetzen. Pro 100 Gramm Weizenmehl nimmt man 40 Gramm Kokosmehl. Beim Backen mit Kokosmehl sollte man darauf achten, dass dieses viel Flüssigkeit zieht. Je nachdem wie trocken der Teig wird, kann man ruhig noch etwas Flüssigkeit zugeben, um einen geschmeidigen Teig zu erhalten.

Xylit

Wenn es um Zuckerersatzstoffe geht, kommt man um Xylit nicht herum. Xylit ist ein Zuckeralkohol und süßt fast genauso gut wie der übliche Zucker. Dabei hat es 40 Prozent weniger Kalorien als Zucker und wirkt sich kaum auf den Blutzuckerspiegel aus. Zwar wird bei den Nährwerten zu Xylit ein relativ hoher Kohlenhydratanteil angegeben, da diese aber keine Auswirkung auf den Insulinspiegel haben, kann man diesen bei der Berechnung der Nährwerte von verschiedenstem Backwerk getrost vernachlässigen. Der Körper muss sich jedoch erst an Xylit gewöhnen, denn dieses hat zu Beginn eine leicht abführende und blähende Wirkung. Gewöhnen Sie Ihren Körper also langsam an diesen Zuckerersatz.

Erythrit

Wie Xylit ist auch Erythrit ein Zuckeralkohol, der außerdem kaum Kalorien aufweist und ebenfalls keine Auswirkung auf den Blutzuckerspiegel hat. Auch hier kann man die Kohlenhydratwerte, die bei Erythrit-Nährwerten angeben werden, ignorieren. Erythrit hat gegenüber Zucker eine 70-prozentige Süßkraft, weshalb man meistens etwas mehr Erythrit für eine ähnliche Süße verwenden muss.

Stevia

Stevia wird aus der südamerikanischen Steviapflanze gewonnen, besitzt kaum Kalorien und süßt bis zu 300-mal mehr als normaler Zucker. Am besten verwendet man beim Backen Steviapulver, jedoch sollte man sich bei der Dosierung genau ans Rezept halten, da das Gebäck sonst bitter oder nach Lakritze schmecken kann.

Süßstoff

Auch mit Süßstoff lässt sich backen. Entweder man verwendet Flüssigsüßstoff oder sogenannte Streusüße. Streusüße hat eine ähnliche Süßkraft wie Zucker und lässt sich gut in verschiedenen Backrezepten verwenden. Hefe- und Knetteige lassen sich besonders gut mit Süßstoff herstellen.

Versteckte Kohlenhydrate

Das Gemeine an Kohlenhydraten ist die Tatsache, dass sie sich in vielen Lebensmitteln verstecken, von denen man es zunächst nicht vermutet. Denn typische Kohlenhydratfallen sind vor allem verarbeitete Nahrungsmittel und Fertiggerichte. Viele Wurstwaren, die aus einem Gemisch verschiedener Fleischsorten, weiterer tierischer Erzeugnisse und eben oft auch aus getreidehaltigen Bindemitteln und Zuckerzusätzen bestehen, sind echte Carb-Fallen, obwohl man zunächst meinen mag, dass Wurst nichts mit Getreide, Zucker oder Ähnlichem zu tun hat. Ebenfalls als typische Carb-Fallen gelten Tütensuppen, viele Konserven und natürlich fertige Kuchen, Backmischungen sowie Soßen (Achtung: Ketchup, süßer Senf und viele andere Soßen sind echte Carb-Bomben) und verschiedene Getränke. Aber auch beim Backen sind nicht allein das Mehl und der Zucker die Hauptverantwortlichen für den hohen Carb-Gehalt des Gebäcks. In der Backstube lauern wesentlich mehr Carb-Fallen, als man zunächst vielleicht meinen mag. Wir decken daher auf: die gemeinsten Kohlenhydrat-Verstecke beim Backen.

Milch- und Quarkprodukte: Genau aufpassen! Milch ist per se gesund. Sie enthält viel Calcium und Eiweiß. Gleiches gilt für Quark. Auch der relativ geringe Fettgehalt macht die Milch- und Quarkspeisen grundsätzlich zu einer gesunden Kost. Vorsicht ist hingegen dann geboten, wenn Milch und Quark nicht in ihrer ursprünglichen Reinform kommen, sondern durch einen Verarbeitungsprozess angereichert, veredelt oder sonst verändert wurden. Quarkspeisen mit einem bestimmten Geschmack (z.B. Frucht oder Vanille) können nicht nur mit künstlichen Zutaten oder Farbstoffen belastet sein, sondern zudem eine echte Carb-Falle darstellen. Ebenso wie Milchpudding oder süße Milchcremes. All diesen Speisen wurde eine Menge an Zucker zugegeben und damit auch ihr Anteil an Kohlenhydraten erhöht. Wer Low Carb backen will, sollte daher lieber auf fertige Milch- und Quarkspeisen verzichten und diese stattdessen lieber selber zubereiten. Nur so können Sie Einfluss auf den verarbeiteten Zucker und damit Kohlenhydratanteil nehmen. Dieses Prinzip gilt übrigens für das Backen allgemein: Auch wer kein spezielles Low-Carb-Rezept, sondern ein gewöhnliches Backrezept ausprobieren möchte, kann hierbei die Zuckermenge reduzieren und damit automatisch Kohlenhydrate einsparen. Oft ist der

Zuckeranteil eines Rezepts ohnehin so hoch dosiert, dass selbst bei halbierter Zuckermenge der Geschmack nicht leidet.

Obst: Trügerischer Genuss! Während Gemüse Kohlenhydrate in Form von gesunden Ballaststoffen liefert, ist bei Obst ein wenig Vorsicht geboten. Obst enthält oft viel Zucker und damit „schnelle Kohlenhydrate", die nicht langfristig sättigen, sondern den Insulinspiegel lediglich kurzfristig nach oben schnellen lassen, aber auch schnell wieder abflachen lassen und anschließend Heißhunger auslösen. Der hohe Zuckeranteil treibt zudem den Kaloriengehalt unnötig in die Höhe. Das Backen von Fruchttorten oder -kuchen ist deshalb nicht weniger empfehlenswert, jedoch wohl nicht so kohlenhydratreduziert, wie man auf den ersten Blick vielleicht meinen möchte.

Nüsse: Gesund, aber gehaltvoll! Nüsse gehören in jede Backstube. Vor allem aber in eine solche, die sparsam mit Kohlenhydraten umgehen möchte. Tatsächlich sind gemahlene Nüsse nämlich durchaus relativ arm an Kohlenhydraten, lassen sich aber ähnlich wie Getreidemehle verarbeiten und sind daher ein willkommenes Hilfsmittel der Low-Carb Küche. Gerade beim Backen von trockenem Gebäck eignen sich gemahlene Nüsse hervorragend, da sie den Teig durch ihren natürlich hohen Feuchtigkeitsanteil besonders saftig werden lassen. Dennoch muss gesagt werden, dass Nüsse nicht vollkommen unbedenklich verwendet werden sollten. Jedenfalls, wenn man auf eine gesunde und leichte Küche Wert legt, haben die kernigen Helfer eine Tücke, und zwar ihren hohen Fettanteil. Zwar spart man durch Nussersatz an Kohlenhydraten, wiegt diesen Verzicht aber schnell durch Fett wieder auf. Für die Kalorienbilanz, aber auch für Menschen, die zu hohem Cholesterin neigen, ist dies nicht unbedingt immer ein Gewinn. Zu gemahlenen Mandeln gibt es jedoch eine gute Alternative: Mandelmehl. Dieses ist entölt und wird aus dem Nebenprodukt der Mandelölherstellung gewonnen. Da es kein Öl mehr enthält, ist es wesentlich kalorienärmer. Natürliche Nussöle sind zwar sehr vitaminreich und wesentlich bekömmlicher als raffinierte Industrieöle, dennoch schlägt der hohe Fettgehalt in der Kalorienbilanz und auch bei den Gesundheitswerten deutlich zu Buche. Insofern gilt bei Nüssen das Gleiche wie bei so vielen anderen Ernährungsfragen auch: Erst die Dosis macht das Gift.

Kuchen

LEMON CHEESECAKE

Zutaten für ca. 12 Stücke

*60 g Butter und etwas Butter für die Form,
100 g Mandelmehl und etwas Mandelmehl für die Form, 50 g Kokosöl, 5 Eier,
1 Prise Salz, 130 g Erythrit, 70 g Sahne, ½ TL gemahlene Vanille, 1 TL Backpulver,
1 TL Johannisbrotkernmehl, ½ TL Natron, 400 g Magerquark, 10 g Vanille-Xylitpulver,
etwas abgeriebene Schale und Saft von 1 unbehandelten Zitrone und
einige unbehandelte Zitronenscheiben für die Dekoration,
2 Pck. Sahnesteif, etwas Minze für die Dekoration*

Zubereitungszeit *ca. 1 Std. und 20 Min.*

Nährwertangaben

pro Stück: 259 kcal,
11 g Eiweiß, 22 g Fett,
5 g Kohlenhydrate

1. Backofen auf 160 °C (Umluft: 140 °C) vorheizen. Eine Springform (26 cm Durchmesser) mit Butter ausstreichen und mit Mandelmehl ausstreuen. Butter und Kokosöl in einen Topf geben und bei geringer Wärme schmelzen. Eier trennen. Eiweiße mit 1 Prise Salz steif schlagen.

2. Butter-Kokosöl-Mischung in eine Schüssel füllen. Eigelbe und 90 Gramm Erythrit zufügen und alles schaumig schlagen. 120 Gramm Sahne und gemahlene Vanille zugeben und alles gut verrühren. Mandelmehl, Backpulver, Johannisbrotkernmehl und Natron zufügen und alles sorgfältig vermischen. Steif geschlagenen Eischnee vorsichtig unter die Masse heben.

3. Teig in die Form füllen und glatt streichen. Im vorgeheizten Backofen ca. 30 Minuten backen. Abkühlen lassen.

4. Quark, restliches Erythrit, Vanille-Xylitpulver, Zitronenabrieb und -saft in einer Schüssel verrühren. Restliche Sahne steif schlagen und Sahnesteif einrühren. Vorsichtig unter die Quarkmischung heben. Quark-Zitronen-Creme auf dem abgekühlten Tortenboden verteilen und glatt streichen. Mit dünn geschnittenen Zitronenscheiben und Minze dekorieren.

SCHOKOLADEN-BROWNIES

Zutaten für ca. 20 Stücke

60 g Zartbitterschokolade, 4 Eier,
110 g Butter, 80 g Kakaopulver,
250–300 g Streusüße,
140 g Mandelmehl, 1 TL Backpulver,
2 Fläschchen Vanillearoma

Zubereitungszeit *ca. 40 Min.*

Nährwertangaben

pro Stück: 157 kcal,
6 g Eiweiß, 8 g Fett,
3 g Kohlenhydrate

1. Backofen auf 170 °C (Umluft: 150 °C) vorheizen. Schokolade grob hacken. Eier trennen. Eiweiße steif schlagen.

2. Schokolade mit Butter im Wasserbad schmelzen. Kakaopulver, Streusüße, Mandelmehl, Backpulver und Vanillearoma in die Schokoladen-Buttermasse geben und alles mit dem Handrührgerät gut verrühren. Eischnee vorsichtig unterheben.

3. Teig auf ein Backblech streichen und im vorgeheizten Backofen ca. 25 Minuten backen. Stäbchenprobe machen: Am Holzstäbchen darf kein flüssiger Teig haften. Abkühlen lassen und in Stücke schneiden.

ERDBEERKUCHEN

Zutaten für ca. 12 Stücke

80 g Butter und etwas Butter für die Form, 4 Eier, 1 Prise Salz, 17 g Süßstoff, 80 g Sahne, 150 g gemahlene Mandeln, 1 gehäufter TL Vanillepulver, 7 g Weinsteinbackpulver, 500 g Erdbeeren, 1 Handvoll Heidelbeeren und einige Mandarinenscheiben, 1 Pck. rote Gelatine, 30 g weiße Schokoraspel

Zubereitungszeit *ca. 1 Std. + ca. 1 Std. Ruhezeit*

Nährwertangaben

pro Stück: 216 kcal,
7 g Eiweiß, 18 g Fett,
6 g Kohlenhydrate

1. Backofen auf 180°C (Umluft: 160 °C) vorheizen. Eine Springform (26 cm Durchmesser) mit Backpapier auslegen und Rand mit etwas Butter ausstreichen. Butter in einem kleinen Topf bei geringer Wärme schmelzen. Eier trennen. Eiweiße mit 1 Prise Salz steif schlagen. Eigelbe mit 15 Gramm Süßstoff schaumig schlagen.

2. Sahne und geschmolzene Butter unter die Eigelbmasse rühren. Gemahlene Mandeln, Vanillepulver und Weinsteinbackpulver miteinander vermischen und unterrühren. Eischnee vorsichtig unterheben.

3. Teig in die Form füllen und glatt streichen. Im vorgeheizten Backofen ca. 30 Minuten backen. Aus der Form lösen, auf ein Kuchengitter stürzen und abkühlen lassen. Boden auf eine Tortenplatte setzen und einen Tortenring darumlegen.

4. Erdbeeren waschen, putzen und trocken tupfen. Je nach Größe halbieren bzw. in Scheiben schneiden. Heidelbeeren waschen und trocken tupfen. Boden gleichmäßig mit Erdbeeren belegen. Am Rand mit Heidelbeeren und Mandarinenscheiben belegen. Gelatine nach Packungsanweisung einweichen. Gelatine ausdrücken und mit restlichem Süßstoff auflösen. Vorsichtig über den Früchten verteilen und fest werden lassen. Tortenring entfernen, den Rand mit Schokoraspeln bestreuen und den Erdbeerkuchen bis zum Servieren kühl stellen.

APFELKUCHEN MIT FRISCHKÄSE

Zutaten für ca. 10 Stücke

115 g Butter und etwas Butter für die Form,
90 g Süßstoff, 100 g Frischkäse,
1 TL Vanille-Extrakt, 4 große Eier,
120 g Mandelmehl, 50 g gemahlene Mandeln,
1 TL Backpulver, 2 TL Zimt, 1 Prise Salz,
3–4 kleine Äpfel, etwas Puderxylit

Zubereitungszeit *ca. 1 Std. und 10 Min.*

Nährwertangaben

pro Stück: 248 kcal,
10 g Eiweiß, 19 g Fett,
7 g Kohlenhydrate

1. Backofen auf 180 °C (Umluft: 160 °C) vorheizen. Eine Springform (21 cm Durchmesser) mit etwas Butter ausstreichen. Butter in einem kleinen Topf bei geringer Wärme schmelzen. Geschmolzene Butter mit Süßstoff, Frischkäse und Vanille-Extrakt vermischen. Nach und nach Eier zufügen und unterrühren. Mehl, gemahlene Mandeln, Backpulver, Zimt und 1 Prise Salz zufügen und zu einem cremigen Teig verrühren.

2. Äpfel waschen, halbieren, Kerngehäuse entfernen und Fruchtfleisch in feine Scheiben schneiden. Apfelscheiben vorsichtig unter den Teig heben. Teig in die Form füllen und glatt streichen. Im vorgeheizten Backofen ca. 35–40 Minuten backen. Abkühlen lassen, in Stücke schneiden und mit etwas Puderxylit bestreut servieren.

HASELNUSS-SCHOKO-KUCHEN

Zutaten für ca. 12 Stücke

etwas Butter für die Form,
200 g Zucchini, 6 Eier,
250 g Xylit, 10 Spritzer flüssiger Süßstoff,
1 Msp. Vanillepulver,
200 g gemahlene Haselnüsse,
40 g Kakaopulver

Zubereitungszeit *ca. 1 Std.*

Nährwertangaben

pro Stück: 224 kcal,
6 g Eiweiß, 15 g Fett,
3 g Kohlenhydrate

1. Backofen auf 180 °C (Umluft: 160 °C) vorheizen. Eine Springform (26 cm Durchmesser) mit Backpapier auslegen und den Rand mit etwas Butter ausstreichen. Zucchini schälen, fein raspeln und gut ausdrücken.

2. Eier mit Xylit und flüssigem Süßstoff einige Minuten verschlagen, bis eine hellgelbe, luftige Masse entsteht. Vanillepulver und Zucchiniraspel untermischen. Gemahlene Haselnüsse und Kakaopulver vermischen und vorsichtig unterheben.

3. Teig in die Form füllen und glatt streichen. Im vorgeheizten Backofen ca. 40 Minuten backen. Stäbchenprobe machen: Am Holzstäbchen darf kein flüssiger Teig haften. Abkühlen lassen.

HIMBEER-QUARK-BISKUITROLLE

Zutaten für ca. 10 Stücke

etwas Öl für das Backblech, 2 Eier, etwas Süßstoff, 100 g Himbeeren (TK-Produkt), 150 g Magerquark, einige Spritzer Milch

Zubereitungszeit *ca. 20 Min.*

Nährwertangaben

pro Stück: 42 kcal,
3 g Eiweiß, 3 g Fett,
1 g Kohlenhydrate

1. Backofen auf 180 °C (Umluft: 160 °C) vorheizen. Backblech mit Backpapier auslegen und leicht mit Öl einpinseln.

2. Eier trennen. Eiweiße steif schlagen. Eigelbe mit Süßstoff schaumig schlagen. Eischnee vorsichtig unter den Eischaum heben. Eimasse auf dem Backblech verteilen und im vorgeheizten Backofen ca. 10 Minuten backen.

3. Einige Himbeeren für die Dekoration beiseitelegen. Restliche Himbeeren in einem kleinen Topf erwärmen. Mit Quark und Milch vermengen.

4. Biskuitteig vorsichtig vom Backblech lösen, mit einem Teil der Himbeer-Quarkmischung bestreichen und zu einer Rolle formen. Mit restlichem Quark und Himbeeren dekoriert servieren.

HIMBEER-KOKOS-KÄSEKUCHEN

Zutaten für ca. 12 Stücke

250 g Himbeeren (TK-Produkt), 130 g Butter und etwas Butter für die Form, 350 g Erythrit, 130 g Kokosmehl, 6 Eier, 28 Spritzer flüssiger Süßstoff, 3 Msp. Vanillemark, 40 g Vanillepuddingpulver, 400 ml Kokosmilch, 700 g Frischkäse, 250 g Ricotta

Zubereitungszeit *ca. 2 Std. + ca. 14 Std. Ruhezeit*

Nährwertangaben

pro Stück: 422 kcal,
11 g Eiweiß, 37 g Fett,
10 g Kohlenhydrate

1. Himbeeren auftauen und abtropfen lassen. Backofen auf 175 °C (Umluft: 155 °C) vorheizen. Eine Springform (26 cm Durchmesser) mit Butter ausstreichen.

2. Butter und 75 Gramm Erythrit in einen kleinen Topf geben und aufkochen. Mischung in eine Schüssel geben. Kokosmehl, 2 Eier, 8 Spritzer Süßstoff und 1 Messerspitze Vanillemark zufügen und alles gut verrühren. Teig in die Form füllen und einen hohen Rand ziehen. Teig mit einer Gabel mehrmals einstechen. Im vorgeheizten Backofen ca. 5 Minuten vorbacken.

3. Puddingpulver mit etwas Kokosmilch und restlichem Vanillemark glatt rühren. Restliche Kokosmilch in einen Topf geben und aufkochen. Angerührtes Puddingpulver zufügen und nochmals aufkochen lassen. Restliches Erythrit einrühren und schmelzen lassen. Frischkäse mit Ricotta glatt rühren und mit dem Kokospudding vermischen. Restliche Eier nach und nach zugeben, restlichen Flüssigsüßstoff zufügen und alles kurz, aber sorgfältig verrühren.

4. Pudding-Käse-Masse auf dem Kuchenboden verstreichen. Himbeeren darauf verteilen und leicht einsinken lassen. Im vorgeheizten Backofen ca. 1 Stunde und 10 Minuten backen, evtl. am Ende der Backzeit den Kuchen mit Alufolie abdecken. Kuchen im Backofen ca. 2 Stunden auskühlen lassen. In den Kühlschrank stellen und ca. 12 Stunden durchkühlen lassen.

SAFTIGER MÖHRENKUCHEN

Zutaten für ca. 12 Stücke

300 g Möhren,
5 Eier,
1 Prise Salz,
200 g Xylit,
½ TL gemahlene Vanille,
300 g gemahlene Mandeln,
½ TL Zimt,
etwas Butter für die Form,
etwas Puderxylit zum Bestreuen

Zubereitungszeit *ca. 1 Std.*

Nährwertangaben

pro Stück: 254 kcal,
9 g Eiweiß, 17 g Fett,
3 g Kohlenhydrate

1. Backofen auf 200 °C (Umluft: 180 °C) vorheizen. Möhren putzen, schälen und fein reiben.

2. Eier trennen. Eiweiße mit 1 Prise Salz steif schlagen. Eigelbe mit Xylit und gemahlener Vanille schaumig schlagen. Geriebene Möhren, Mandeln und Zimt zum Eischaum geben und unterrühren. Eischnee vorsichtig unterheben.

3. Eine Springform (26 cm Durchmesser) mit Butter ausstreichen. Teig in die Form füllen und glatt streichen. Im vorgeheizten Backofen ca. 35–45 Minuten backen. Stäbchenprobe machen: Am Holzstäbchen darf kein flüssiger Teig haften. Abkühlen lassen. Vor dem Servieren mit etwas Puderxylit bestreuen.

JOHANNISBEER-STREUSELKUCHEN

Zutaten für ca. 20 Stücke

500 g rote und schwarze Johannisbeeren,
2 Eier, 2 Eigelb, 180 g Xylit,
1 Fläschchen Zitronenaroma,
225 g Butter, 250 g Magerquark,
400 g Mandelmehl, ½ TL Backpulver

Zubereitungszeit *ca. 50 Min.*

Nährwertangaben

pro Stück: 203 kcal,
20 g Eiweiß, 13 g Fett,
5 g Kohlenhydrate

1. Backofen auf 180 °C (Umluft: 160 °C) vorheizen. Backblech mit Backpapier auslegen. Johannisbeeren putzen, waschen und trocken tupfen.

2. Eier, Eigelbe, 80 Gramm Xylit und Zitronenaroma schaumig rühren. 25 Gramm Butter in einem kleinen Topf schmelzen. Geschmolzene Butter und Quark mit dem Eischaum verrühren. 200 Gramm Mandelmehl und Backpulver vermischen, zufügen und alles zu einem glatten Teig verrühren.

3. Teig auf dem Backpapier verstreichen. Johannisbeeren darauf verteilen. Restliches Mandelmehl, restliches Xylit und restliche Butter gut miteinander vermischen und zu Streuseln verarbeiten. Streusel gleichmäßig auf dem Johannisbeerkuchen verteilen.
Im vorgeheizten Backofen ca. 25 Minuten backen. Abkühlen lassen, in Stücke schneiden und servieren.

ZITRONEN-KUCHEN

Zutaten für ca. 16 Stücke

etwas Butter für die Form,
8 große Eier, etwas Salz, 3 TL Stevia,
3 TL Süßstoff, 2 TL Flüssigsüßstoff, 2 TL Natron,
abgeriebene Schale und Saft von 4 unbehandelten Zitronen,
2 Pck. Vanillearoma, 200 ml Öl,
400 g gemahlene Mandeln

Zubereitungszeit *ca. 1 Std. und 10 Min.*

Nährwertangaben

pro Stück: 324 kcal,
10 g Eiweiß, 30 g Fett,
2 g Kohlenhydrate

1. Backofen auf 150 °C (Umluft: 130 °C) vorheizen. Eine Kastenform mit Butter ausstreichen.

2. Eier trennen. Eiweiße mit 1 Prise Salz steif schlagen. Eigelbe mit etwas Salz, Stevia, Süßstoffen und Natron schaumig schlagen. Zitronenabrieb und 6 Esslöffel Zitronensaft unterrühren. Vanillearoma, Öl und gemahlene Mandeln zufügen und gut verrühren. Eischnee vorsichtig unterheben.

3. Teig in die Form füllen und glatt streichen. Im vorgeheizten Backofen ca. 50 Minuten backen. Stäbchenprobe machen: Am Holzstäbchen darf kein flüssiger Teig haften. Abkühlen lassen.

RUSSISCHER ZUPFKUCHEN

Zutaten für ca. 12 Stücke

270 g Butter und etwas Butter für die Form, 300 g Mandelmehl, 1 Pck. Weinsteinbackpulver, 250 g Erythrit, 40 g Kakaopulver, 6 große Eier, 250 g Quark (40 % Fett), 150 g Doppelrahmfrischkäse, 200 g Sahne, 1 Prise Salz, etwas Vanillearoma

Zubereitungszeit *ca. 1 Std. und 40 Min.*

Nährwertangaben

pro Stück: 259 kcal,
9 g Eiweiß, 15 g Fett,
3 g Kohlenhydrate

1. Backofen auf 200 °C (Umluft: 180 °C) vorheizen. Eine Springform (26 cm Durchmesser) mit Butter ausstreichen. 200 Gramm Butter in einen kleinen Topf geben und bei geringer Wärme schmelzen. Mehl mit Backpulver mischen. 200 Gramm Erythrit und Kakaopulver zugeben und verrühren. Geschmolzene Butter und 3 Eier zugeben und einen Teig herstellen. ⅓ des Teiges beiseitestellen. Restlichen Teig in die Springform geben und einen hohen Rand ziehen.

2. 70 Gramm Butter schaumig rühren. Restliche Eier, Quark, Frischkäse und Sahne zufügen und verrühren. Restliches Erythrit, 1 Prise Salz und Vanillearoma zugeben und alles gut verrühren. Die Masse auf dem Teig verteilen und glatt streichen. Beiseitegestellten Teig in kleine Stückchen zupfen und auf der Quark-Käse-Mischung verteilen. Im vorgeheizten Backofen ca. 1 Stunde backen. Auskühlen lassen und servieren.

MOHNKUCHEN MIT ORANGE

Zutaten für ca. 16 Stücke

8 Eier, 1 Prise Salz,
abgeriebene Schale von 1 unbehandelten Orange,
1 Msp. Bourbon-Vanille, 100 g Butter und etwas Butter für die Form,
250 g Erythrit, 20 Spritzer Flüssigsüßstoff, 150 g Joghurt,
200 g gemahlener Mohn, 150 g gemahlene Mandeln,
1 TL Natron, etwas Puderxylit,
Orangenzesten für die Dekoration

Zubereitungszeit *ca. 1 Std. und 30 Min.*

Nährwertangaben

pro Stück: 194 kcal,
7 g Eiweiß, 17 g Fett,
2 g Kohlenhydrate

1. Backofen auf 180 °C (Umluft: 160 °C) vorheizen. Eier trennen. Eiweiße mit 1 Prise Salz steif schlagen. Orangenabrieb, Vanille, Eigelbe und Butter schaumig rühren. Erythrit und Flüssigsüßstoff zufügen und aufschlagen. Joghurt einrühren. Mohn, Mandeln und Natron miteinander vermischen. Mohn-Mandel-Mischung und Eischnee abwechselnd vorsichtig unterheben.

2. Eine Gugelhupfform mit Butter ausstreichen. Teig in die Form geben und im vorgeheizten Backofen ca. 1 Stunde backen, eventuell am Ende der Backzeit den Kuchen mit Alufolie abdecken. Abkühlen lassen und mit etwas Puderxylit bestreuen. Mit Orangenzesten dekoriert servieren.

PEKANNUSS-BLONDIES

Zutaten für ca. 12–14 Stücke

*50 g weiße Schokolade, 3 große Eier, 45 g Butter,
40 g Kokosöl, 70 g Xylit, 30 g Erythrit,
120 g Mandelmehl, 1 TL Guarkernmehl,
1 gestrichener TL Backpulver,
1 gestrichener TL Natron, ¾ TL Bourbon-Vanille,
50 g Pekannüsse und einige Pekannüsse für die Dekoration*

Zubereitungszeit *ca. 35 Min.*

Nährwertangaben

pro Stück: 190 kcal,
7 g Eiweiß, 14 g Fett,
4 g Kohlenhydrate

1. Backofen auf 150 °C (Umluft: 130 °C) vorheizen. Schokolade grob hacken. Eier trennen. Eiweiße steif schlagen.

2. Schokolade mit Butter und Kokosöl im Wasserbad schmelzen. Schokoladenmasse mit Eigelben, Xylit und Erythrit schaumig rühren. Mandelmehl, Guarkernmehl, Backpulver, Natron und Bourbon-Vanille zufügen und alles gut verrühren. Pekannüsse grob hacken und untermischen. Eischnee vorsichtig unterheben.

3. Teig auf ein Backblech streichen und mit einigen halbierten Pekannüssen belegen. Im vorgeheizten Backofen ca. 20–25 Minuten backen. Stäbchenprobe machen: Am Holzstäbchen darf kein flüssiger Teig haften. Abkühlen lassen.

MARMOR-GUGELHUPF

Zutaten für ca. 16 Stücke

*100 g zimmerwarme Butter und etwas Butter für die Form,
185 g Mandelmehl und etwas Mandelmehl für die Form,
130 g Xylit, 5 große Eier, 25 g Flohsamenschalen, 4 TL Backpulver,
1 TL Guarkernmehl, 1 Prise Salz, etwas gemahlene Vanille,
240 ml Mandelmilch, 1 Fläschchen Rum-Aroma,
2 EL Kakaopulver, etwas Puderxylit nach Belieben*

Zubereitungszeit *ca. 1 Std. und 20 Min.*

Nährwertangaben

pro Stück: 150 kcal,
8 g Eiweiß, 9 g Fett,
2 g Kohlenhydrate

1. Backofen auf 200 °C (Umluft: 180 °C) vorheizen. Eine Gugelhupfform mit Butter ausstreichen und mit Mandelmehl ausstreuen. Butter mit Xylit und Eiern schaumig schlagen.

2. Mandelmehl, Flohsamenschalen, Backpulver, Guarkernmehl, Salz und Vanille gut miteinander vermischen. Mandelmilch und Rum-Aroma zugeben und verrühren. Mit dem Butter-Eischaum vermengen.

3. Teig in zwei Hälften teilen. Eine Hälfte des Teiges in die vorbereitete Gugelhupfform füllen. In den restlichen Teig Kakaopulver rühren. Dunklen Teig in die Form geben. Teigschichten mit einer Gabel spiralartig durchziehen, sodass das charakteristische Marmormuster entsteht. Marmor-Gugelhupf im vorgeheizten Backofen ca. 1 Stunde backen. Stäbchenprobe machen: Am Holzstäbchen darf kein flüssiger Teig haften. Auskühlen lassen und nach Belieben mit Puderxylit bestreuen.

Torten

KIRSCHTORTE SCHWARZWÄLDER ART

Zutaten für ca. 12 Stücke

250 g Sauerkirschen (TK-Produkt, entsteint), 6 Eier, 1 Prise Salz, 3 EL Quark, 3 Msp. Steviapulver, 6 TL Kakaopulver, 6 Blatt Gelatine, 500 g Sahne, Zartbitterschokoraspel zum Verzieren

Zubereitungszeit *ca. 1 Std.*

Nährwertangaben

pro Stück: 200 kcal,
6 g Eiweiß, 16 g Fett,
6 g Kohlenhydrate

1. Kirschen auftauen, abtropfen lassen und 6 Kirschen für die Dekoration beiseitelegen. Backofen auf 160 °C (Umluft: 140 °C) vorheizen. Eier trennen. Eiweiße mit 1 Prise Salz steif schlagen. Eigelbe mit Quark, Stevia und Kakao zu einer glatten Masse verrühren. Eischnee vorsichtig unterheben. 3 Springformen (18 cm Durchmesser) mit Backpapier belegen. Teig in 3 Teile teilen und jeweils in die Springformen füllen. Glatt streichen. Im vorgeheizten Backofen ca. 15 Minuten backen. Abkühlen lassen.

2. Gelatine nach Packungsanweisung in kaltem Wasser einweichen. Herausnehmen und tropfnass in einen kleinen Topf geben. Bei geringer Hitze unter Rühren so lange erwärmen, bis sich die Gelatine aufgelöst hat. Mit dem Schneebesen 50 Gramm Sahne unterrühren, restliche Sahne steif schlagen. Gelatine-Sahne-Mischung unter Rühren zufügen.

3. Auf dem ersten Boden etwas Sahne in der Mitte und am Rand verstreichen. Den Zwischenraum mit der Hälfte der abgetropften Kirschen füllen. Zweiten Boden aufsetzen und vorsichtig andrücken. Etwas Sahne in der Mitte und am Rand verteilen und mit restlichen Kirschen dazwischen belegen. Dritten Boden aufsetzen und leicht andrücken. Einige Esslöffel Sahne in einen Spritzbeutel mit Sterntülle füllen. Torte mit der restlichen Sahne komplett einstreichen und mit Sahnetuffs, beiseitegelegten Kirschen und Schokoladenraspeln verzieren.

MISSISSIPPI MUD PIE

Zutaten für ca. 8 Stücke

90 g Mandelmehl, 175 g Xylit, 40 g Kakaopulver, 140 g Butter und etwas Butter für die Form, ½ Tasse Espresso, 200 g Hülsenfrüchte zum Blindbacken, 2 Eier, Mark von ½ Vanilleschote, 350 g Sahne, 90 g Edelbitterschokolade (80 %), ½ Pck. Sahnesteif

Zubereitungszeit *ca. 1 Std. und 20 Min. + ca. 15 Min. Kühlzeit*

Nährwertangaben

pro Stück: 458 kcal,
9 g Eiweiß, 38 g Fett,
6 g Kohlenhydrate

1. Mandelmehl, 25 Gramm Xylit, 20 Gramm Kakaopulver, 70 Gramm Butter und Espresso zu einem Teig verarbeiten. Teig in einen Gefrierbeutel geben und für ca. 15 Minuten in den Kühlschrank legen. Backofen auf 170 °C (Umluft: 150 °C) vorheizen. Eine Springform (18 cm Durchmesser) mit Butter ausstreichen.

2. Gekühlten Teig in der Form verteilen, Rand etwas hochziehen. Teigboden mit der Gabel mehrmals einstechen. Backpapier auf den Teig legen und Hülsenfrüchte darauf verteilen. Im vorgeheizten Backofen ca. 20 Minuten backen.

3. Restliche Butter in einem kleinen Topf bei geringer Hitze schmelzen. Mit restlichem Xylit vermischen. Restliches Kakaopulver, Eier, Vanillemark und 150 Gramm Sahne zufügen und alles gut vermischen. 70 Gramm Schokolade im Wasserbad schmelzen und unterrühren.

4. Form aus dem Backofen nehmen, Hülsenfrüchte und Backpapier entfernen und die Füllung auf den Teig geben. Glatt streichen. Weitere ca. 45 Minuten backen. Kuchen komplett auskühlen lassen. Restliche Sahne mit Sahnesteif steif schlagen und auf dem Kuchen verteilen. Restliche Schokolade raspeln und Mississippi Mud Pie mit Schokoraspeln dekorieren.

HIMBEER-TORTE

Zutaten für ca. 16 Stücke

200 g Himbeeren , 1 Handvoll Johannisbeeren, 3 Eier, 210 g Xylit, 1 Prise Salz, 60 g Mandelmehl, 30 g Kokosmehl, 1 TL Johannisbrotkernmehl, 1 TL Backpulver, 500 g Quark (20 % Fett), 1 EL Zitronensaft, 8 Blatt Gelatine, 400 g Sahne

Zubereitungszeit *ca. 1 Std. + ca. 2 Std. Kühlzeit*

Nährwertangaben

pro Stück: 176 kcal,
8 g Eiweiß, 11 g Fett,
3 g Kohlenhydrate

1. Früchte verlesen, waschen und trocken tupfen. Einige Himbeeren und Johannisbeeren zur Dekoration beiseitelegen. Backofen auf 150 °C (Umluft: 130 °C) vorheizen. Eine Springform (26 cm Durchmesser) mit Backpapier auslegen.

2. Eier mit 60 Gramm Xylit und 1 Prise Salz mit dem Handrührgerät in ca. 10–15 Minuten cremig weiß schlagen. Mandelmehl, Kokosmehl, Johannisbrotkernmehl und Backpulver miteinander vermischen und auf die Eimasse sieben. Vorsichtig unterheben. Teig in die Form füllen, glatt streichen und im vorgeheizten Backofen ca. 25 Minuten backen. Boden aus dem Ofen nehmen und in der Form auskühlen lassen.

3. Quark mit restlichem Xylit und Zitronensaft verrühren. Gelatine nach Packungsanweisung in kaltem Wasser einweichen. Herausnehmen und tropfnass in einen kleinen Topf geben. Bei geringer Hitze unter Rühren so lange erwärmen, bis sich die Gelatine aufgelöst hat. Mit dem Schneebesen 1–2 Esslöffel der Quarkmasse unterrühren. Gelatine-Mischung zur restlichen Quarkmasse geben und verrühren. Sahne steif schlagen. Himbeeren unterheben. Sahne-Himbeer-Mischung zur Quarkmasse geben und alles gut vermischen.

4. Tortenring um den Boden befestigen. Füllung auf dem Boden verteilen und glatt streichen. Mit den beiseitegelegten Himbeeren und Johannisbeeren dekorieren. Himbeer-Torte ca. 2 Stunden kalt stellen.

SCHOKOLADEN-TORTE

Zutaten für ca. 8 Stücke

60 g Butter und etwas Butter für die Form,
200 g Zartbitterschokolade,
2 EL Xylit, 2 Eier,
390 g Sahne, 3 Blatt Gelatine

Zubereitungszeit *ca. 45 Min. + ca. 14 Std. Kühlzeit*

Nährwertangaben

pro Stück: 365 kcal,
5 g Eiweiß, 30 g Fett,
14 g Kohlenhydrate

1. Backofen auf 175 °C (Umluft: 155 °C) vorheizen. Eine Springform (18 cm Durchmesser) mit Butter ausstreichen. Butter mit 60 Gramm Schokolade und Xylit im Wasserbad schmelzen. Eier nacheinander unterrühren und zu einem Teig verarbeiten.

2. Teig in die Form füllen und im vorgeheizten Backofen ca. 10 Minuten backen. In der Form auskühlen lassen. 350 Gramm Sahne in einen Topf geben und aufkochen lassen. Vom Herd nehmen und 80 Gramm Schokolade darin schmelzen lassen. Gelatine nach Packungsanweisung einweichen. Gelatine ausdrücken und in der Schoko-Sahne-Masse auflösen. Abkühlen lassen und auf den Boden streichen. Abdecken und im Kühlschrank ca. 2 Stunden kalt stellen.

3. Für die Ganache restliche Schokolade im Wasserbad schmelzen und ca. 40 Gramm Sahne einrühren. Ganache auf die Torte streichen und im Kühlschrank ca. 12 Stunden kalt stellen.

HIMBEER-MOHN-TORTE

Zutaten für ca. 16 Stücke

6 große Eier, 1 Prise Salz, 200 g weiche Butter und etwas Butter für die Form, 150 g Xylit, 200 g gemahlener Mohn, 75 g gemahlene Mandeln, 1 TL Backpulver, 2 TL abgeriebene Schale von 1 unbehandelten Zitrone, 300 g Himbeeren (TK-Produkt), 2 EL Puderxylit und etwas Puderxylit zum Bestäuben, 250 g Sahne, 2 Pck. Sahnesteif, einige frische Himbeeren zum Dekorieren

Zubereitungszeit *ca. 1 Std. und 45 Min.*

Nährwertangaben

pro Stück: 314 kcal,
5 g Eiweiß, 22 g Fett,
18 g Kohlenhydrate

1. Backofen auf 175 °C (Umluft: 155 °C) vorheizen. Eier trennen. Eiweiße mit 1 Prise Salz steif schlagen. Eigelbe mit Butter und Xylit schaumig schlagen. Mohn, Mandeln, Backpulver und Zitronenabrieb miteinander verrühren. Mohnmischung zum Eischaum geben und alles gut verrühren. Eischnee vorsichtig unterheben.

2. Eine Springform (26 cm Durchmesser) mit Butter ausstreichen. Teig in die Form geben und glatt streichen. Im vorgeheizten Backofen ca. 50 Minuten backen. Auskühlen lassen und den Boden einmal waagerecht durchschneiden.

3. Himbeeren leicht antauen lassen. Mit Puderxylit pürieren. Sahne mit Sahnesteif steif schlagen. Himbeerpüree vorsichtig unter die Sahne heben. Unteren Boden mit Himbeercreme bestreichen, dabei den Rand etwas freilassen. Oberen Boden auflegen und leicht andrücken.

4. Himbeeren verlesen, waschen und trocken tupfen. Himbeer-Mohn-Torte mit frischen Himbeeren verzieren und mit Puderxylit bestäuben. Bis zum Servieren kalt stellen.

MOKKA-TORTE

Zutaten für ca. 10 Stücke

150 g Mandeln, 150 g Pekannüsse, ½ TL Vanillepulver, 100 ml Kokosöl, 10 g Butter und etwas Butter für die Form, 200 g Sahne, 3 TL Instant-Kaffeepulver, 200 g Edelbitterschokolade, 250 g Mascarpone, 2 EL Puderxylit, 1 TL fein gehackte Kaffeebohnen

Zubereitungszeit *ca. 35 Min. + ca. 4 Std. und 30 Min. Kühlzeit*

Nährwertangaben

pro Stück: 566 kcal, 8 g Eiweiß, 52 g Fett, 16 g Kohlenhydrate

1. Mandeln und Pekannüsse in der Küchenmaschine zu grobem Mehl mahlen. In eine Schüssel geben und mit Vanillepulver vermischen. Kokosöl in einen kleinen Topf geben und bei geringer Hitze schmelzen. Zum Nussmehl gießen und alles zu einem Teig verrühren. Eine Springform (20 cm Durchmesser) mit Butter ausstreichen. Teig in die Form geben, glatt streichen und ca. 30 Minuten kalt stellen.

2. Sahne in einem Topf erhitzen, vom Herd nehmen und 2 Teelöffel Kaffeepulver einrühren. Schokolade grob hacken und unterrühren. Butter zufügen und alles gut verrühren. Masse auf dem Teig verteilen, glatt streichen und ca. 4 Stunden kalt stellen.

3. Restliches Kaffeepulver in 2 Esslöffeln kochendem Wasser auflösen. Abkühlen lassen. Mascarpone mit Puderxylit und Kaffee in eine Schüssel geben und mit dem elektrischen Handrührgerät zu einer glatten Mokkacreme verarbeiten. Kurz vor dem Servieren die Mokka-Torte mit der Creme bestreichen und mit gehackten Kaffeebohnen dekorieren.

SACHERTORTE

Zutaten für ca. 16 Stücke

6 Eier, 140 g Butter und etwas Butter für die Form, 200 g Edelbitterschokolade (85 %), 250 g Erythrit, 70 g gemahlene Haselnüsse, 50 g Mandelmehl und etwas Mandelmehl für die Form, 1 TL Backpulver, 1 TL Vanillearoma, 30 ml Rum, 200 g Himbeeren (TK-Produkt), 6 Blatt Gelatine, Vanilleextrakt und Süßstoff nach Geschmack, 1–2 EL Sahne

Zubereitungszeit *ca. 1 Std. und 15 Min.*

Nährwertangaben

pro Stück: 231 kcal,
6 g Eiweiß, 19 g Fett,
5 g Kohlenhydrate

1. Backofen auf 180 °C (Umluft: 160 °C) vorheizen. Eier trennen. Eiweiße steif schlagen. Butter in einen kleinen Topf geben und bei geringer Hitze schmelzen. Schokolade grob hacken. 50 Gramm Schokolade in der heißen Butter verrühren. Abkühlen lassen. Eigelbe schaumig schlagen. 100 Gramm Erythrit, Schokobutter, Haselnüsse, Mandelmehl, Backpulver, Vanillearoma und Rum zufügen und verrühren. Eischnee vorsichtig unterheben.

2. Eine Springform (26 cm Durchmesser) mit Butter ausstreichen und mit Mandelmehl ausstreuen. Teig einfüllen, glatt streichen und im vorgeheizten Backofen ca. 45 Minuten backen. Abkühlen lassen und den Boden einmal waagerecht durchschneiden.

3. Himbeeren in einen kleinen Topf geben und bei geringer Hitze erwärmen. Gelatine nach Packungsanweisung zubereiten und zugeben. Mit Süßstoff und Vanilleextrakt abschmecken. Abkühlen lassen und den unteren Boden mit Himbeercreme bestreichen. Oberen Boden auflegen und leicht andrücken.

4. Restliche Schokolade und restliches Erythrit im Wasserbad schmelzen und gut verrühren. 1–2 Esslöffel Sahne einrühren. Guss gleichmäßig auf der Oberfläche und dem Rand der Torte verteilen. Guss fest werden lassen und die Sachertorte bis zum Servieren kalt stellen.

ERDBEER-TORTE

Zutaten für ca. 18 Stücke

4 Eier, 1 Prise Salz, 4–5 EL Xylit, ½ TL gemahlene Vanille, 65 g Mandelmehl, ⅙ TL Weinsteinbackpulver, 1 TL Xanthan, etwas Butter für die Form, 300 g Erdbeeren und einige Erdbeeren für die Dekoration, 2 Pck. rote Götterspeise, 250 g Sahne, 1 Pck. Sahnesteif, 300 g Joghurt (0,2 % Fett), 200 g Frischkäse (0,2 % Fett), Süßstoff nach Belieben, 1 ½ Packungen Sofort-Gelatine, Minze zum Dekorieren

Zubereitungszeit *ca. 1 Std. + ca. 12 Std. Kühlzeit*

Nährwertangaben

pro Stück: 117 kcal,
7 g Eiweiß, 6 g Fett,
5 g Kohlenhydrate

1. Backofen auf 175 °C (Umluft: 155 °C) vorheizen. 3 Eier trennen. Eiweiße mit 1 Prise Salz steif schlagen. 1 Ei, Eigelbe und Xylit cremig aufschlagen. Vanille, Mandelmehl, Weinsteinbackpulver und Xanthan vermischen und unterrühren. Eischnee vorsichtig unterheben.

2. Eine Springform (28 cm Durchmesser) mit Butter ausstreichen. Teig hineinfüllen und ca. 30 Minuten backen. Abkühlen lassen und in drei gleich dicke Scheiben schneiden. Erdbeeren waschen, putzen und trocken tupfen. Die Hälfte in Scheiben schneiden. 700 Milliliter Wasser erhitzen und mit Götterspeise verrühren. Abkühlen lassen. Erdbeerscheiben untermischen.

3. Sahne mit Sahnesteif steif schlagen. Joghurt und Frischkäse vermischen und mit Süßstoff abschmecken. Sofort-Gelatine nach Packungsanweisung zubereiten. Etwas abkühlen lassen. Gelatine mit der Joghurt-Frischkäse-Masse verrühren. Sahne unterheben.

4. Unteren Tortenboden mit einem Teil der Masse bestreichen, kalt stellen und aushärten lassen. Restlichen Teil der Sahne-Mischung mit Götterspeise verrühren und kalt stellen. Einen Teil auf die ausgehärtete Schicht streichen. Mittleren Tortenboden daraufsetzen und ebenso verfahren. Obersten Tortenboden daraufsetzen, Torte mit restlicher Sahne-Mischung bestreichen und ca. 12 Stunden kalt stellen. Vor dem Servieren mit restlichen Erdbeeren und Minze dekorieren.

KOKOS-LIMETTEN-TORTE

Zutaten für ca. 10 Stücke

3 Eier, 1 Prise Salz, 1 ¼ TL Backpulver, 1 EL Xylit, Mark von 1 Vanilleschote, etwas Butter für die Form, 2 EL Kokosflocken, 35 g Kokosmehl, 500 g Quark, 200 g Joghurt, Süßstoff nach Belieben, etwas abgeriebene Schale und Saft von 2 unbehandelten Limetten und einige unbehandelte Limettenscheiben für die Dekoration, 1 Pck. Sofort-Gelatine

Zubereitungszeit *ca. 45 Min.*

Nährwertangaben

pro Stück: 106 kcal,
10 g Eiweiß, 4 g Fett,
6 g Kohlenhydrate

1. Backofen auf 180 °C (Umluft: 160 °C) vorheizen. Eine Springform (20 cm Durchmesser) mit Backpapier auslegen. Eier trennen. Eiweiße mit 1 Prise Salz steif schlagen. 1 Messerspitze Backpulver, Xylit und Vanillemark zufügen und kurz weiter mixen. Eine Springform (26 cm Durchmesser) mit Butter einstreichen.

2. Kokosflocken in einer Pfanne ohne Fett kurz anrösten. Kokosflocken, Kokosmehl, restliches Backpulver und 1–2 Eigelb verrühren. Eischnee vorsichtig unterheben. In die Form füllen, glatt streichen und im vorgeheizten Backofen ca. 20 Minuten backen. Abkühlen lassen.

3. Quark und Joghurt vermischen und mit Süßstoff abschmecken. Limettenabrieb und -saft zufügen und verrühren. Sofort-Gelatine zufügen und verrühren. Die Masse auf dem abgekühlten Boden verstreichen. Kokos-Limetten-Torte kalt stellen und vor dem Servieren mit etwas Limettenabrieb und Limettenscheiben dekorieren.

Muffins, Cupcakes & Co.

HEIDELBEER-STREUSELMUFFINS

Zutaten für ca. 12 Stück

*300 g Heidelbeeren, 3 Eier, 175 g Xylit,
225 g Butter, 175 g gemahlene Mandeln,
200 g Mandelmehl, 1 Pck. Backpulver,
¼ Fläschchen Bittermandelaroma, 1 Msp. Salz,
2 EL abgeriebene Schale von 1 unbehandelten Zitrone*

Zubereitungszeit *ca. 50 Min.*

Nährwertangaben

pro Stück: 347 kcal,
12 g Eiweiß, 27 g Fett,
4 g Kohlenhydrate

1. Backofen auf 200 °C (Umluft: 180 °C) vorheizen. Muffinform mit Papierförmchen auslegen. Heidelbeeren verlesen, waschen und abtropfen lassen.

2. Eier mit 75 Gramm Xylit schaumig schlagen. 75 Gramm Butter unterrühren. 75 Gramm gemahlene Mandeln, 100 Gramm Mandelmehl, Backpulver, Bittermandelaroma, Salz und Zitronenabrieb miteinander vermischen. Zur Eier-Masse geben und alles gut verrühren.

3. Teig gleichmäßig in der Muffinform verteilen. Heidelbeeren darauf verteilen und leicht andrücken. Restliche Mandeln mit restlichem Mandelmehl, restlichem Xylit und restlicher Butter vermischen und zu Streuseln verarbeiten. Streusel auf die Heidelbeeren geben und Muffins im vorgeheizten Backofen ca. 25 Minuten backen. Abkühlen lassen.

ZIMT-OOPSIES

Zutaten für 2 Stück

2 Eier, 1 Prise Salz, 50 g Magerquark,
2 gehäufte TL Eiweißpulver (Vanillegeschmack),
1 TL Zimt, 2 Msp. Backpulver,
Süßstoff nach Belieben

Zubereitungszeit *ca. 30 Min.*

Nährwertangaben

pro Stück: 132 kcal,
17 g Eiweiß, 6 g Fett,
3 g Kohlenhydrate

1. Backofen auf 170 °C (Umluft: 150 °C) vorheizen. Eier trennen. Eiweiße mit 1 Prise Salz steif schlagen. Eigelbe mit Quark, Proteinpulver, Zimt und Backpulver vermischen und alles gut verrühren. Nach Belieben mit Süßstoff abschmecken. Eischnee vorsichtig unterheben.

2. Backblech mit Backpapier belegen. Masse als kleine Kleckse daraufsetzen (genügend Abstand lassen). Im vorgeheizten Backofen ca. 20 Minuten backen, bis die gewünschte Bräune erreicht ist. Warm essen oder etwas auskühlen lassen.

Tipp Zimt-Oopsies schmecken köstlich zum Frühstück und sind ein leckerer süßer Snack zwischendurch. Sie können die Oopsies auch mit frischem Obst belegen und immer wieder neu variieren.

EIERLIKÖR-MUFFINS

Zutaten für ca. 10 Stück

3 Eier, 125 g Erythrit, 100 ml Öl, 125 ml Eierlikör, 125 g gemahlene Mandeln, 1 gehäufter TL Johannisbrotkernmehl, 2 TL Weinsteinbackpulver, ½ TL gemahlene Vanille

Zubereitungszeit *ca. 40 Min.*

Nährwertangaben

pro Stück: 239 kcal, 5 g Eiweiß, 18 g Fett, 12 g Kohlenhydrate

1. Backofen auf 180 °C (Umluft: 160 °C) vorheizen. Muffinform mit Papierförmchen auslegen. Eier schaumig schlagen. Erythrit zufügen und unterrühren. Öl und Eierlikör zugeben und unterrühren.

2. Gemahlene Mandeln, Johannisbrotkernmehl, Weinsteinbackpulver und gemahlene Vanille miteinander vermischen und unterrühren. Teig gleichmäßig in der Muffinform verteilen. Im vorgeheizten Backofen ca. 30 Minuten backen.

Tipp Besonders lecker schmecken die Muffins mit selbst gemachtem Eierlikör. Für den Low-Carb-Eierlikör brauchen Sie 2 Eigelbe, 50 g Puderxylit, Mark von 1 Vanilleschote, 80 g Sahne, 70 ml Milch und 90 ml Rum. Eigelbe mit Xylit schaumig schlagen. Vanillemark einrühren. Unter ständigem Rühren abwechselnd Sahne und Milch zufügen. Rum unterrühren. In Flaschen abfüllen und kühl stellen.

SCHOKOLADEN-TASSENMUFFIN

Zutaten für 1 Portion

1 Ei,
2 EL Mandelmehl,
1 TL Backpulver,
2 EL Eiweißpulver,
1 EL Kakaopulver,
1 EL Xylit,
2 EL Milch,
1 EL Öl

Zubereitungszeit *ca. 5 Min.*

Nährwertangaben

pro Portion: 423 kcal,
33 g Eiweiß, 25 g Fett,
5 g Kohlenhydrate

Alle Zutaten miteinander verrühren. Teig in eine mikrowellengeeignete Tasse füllen. Darauf achten, dass die Tasse nur etwa halbvoll ist. In die Mikrowelle stellen und bei ca. 700 Watt ca. 3 Minuten backen.

Tipp Das Eiweißpulver kann je nach Vorlieben immer wieder variiert werden. Besonders köstlich für den Schokoladen-Tassenmuffin ist Eiweißpulver in den Geschmacksrichtungen Schoko oder Cookie & Cream.

Info Bei Tassenkuchen, auch „Mug Cakes“ genannt, ist es besonders wichtig für das Gelingen des Kuchens, dass man sich genau an die Mengenangaben hält. Die Tasse sollte auch auf keinen Fall zu voll gefüllt sein, um ein Übergehen zu verhindern.

CUPCAKES MIT MATCHA-FROSTING

Zutaten für ca. 15 Stück

½ Würfel Hefe,
2 Stevia-Tabs, 1 ½ TL Xylit,
40 g Weizenkleber,
200 g gemahlene Mandeln,
3 gehäufte TL Matcha,
125 g Magerquark,
2 Eier, 200 g Sahne

Zubereitungszeit *ca. 1 Std. + ca. 15 Min. Kühlzeit*

Nährwertangaben

pro Stück: 153 kcal,
8 g Eiweiß, 12 g Fett,
2 g Kohlenhydrate

1. Hefe in ca. 50–70 Milliliter warmem Wasser auflösen. Stevia-Tabs im Mörser fein zerstoßen. Steviapulver in eine Schüssel geben. Xylit, Weizenkleber, Mandelmehl und 2 gehäufte Teelöffel Matcha zufügen und alles gut verrühren.

2. Hefe, Quark und Eier zufügen und zu einem gleichmäßigen Teig verrühren. Teig löffelweise in Cupcake-Förmchen füllen. Cupcakes bei 175 °C Umluft (Backofen nicht vorheizen!) ca. 35 Minuten backen. Abkühlen lassen.

3. Sahne mit restlichem Matcha steif schlagen. Ca. 15 Minuten kühl stellen. In einen Spritzbeutel füllen und Sahnehäubchen auf die abgekühlten Cupcakes spritzen.

HIMBEER-TARTELETTEN

Zutaten für 6 Stück

1 Ei, 200 g Mandelmehl, 50 g Xylit, 20 g Erythrit, 65 g weiche Butter und etwas Butter für die Formen, 400 g Himbeeren, 200 g Sahne, 500 g Magerquark, 2 TL Gewürzmischung (z. B. Vanille, Zimt, Kardamom, Anis, Sternanis), etwas Puderxylit zum Bestäuben

Zubereitungszeit *ca. 45 Min. + ca. 1 Std. Kühlzeit*

Nährwertangaben

pro Stück: 403 kcal,
26 g Eiweiß, 25 g Fett,
9 g Kohlenhydrate

1. Ei, Mandelmehl, 20 Gramm Xylit und Erythrit mit Butter zu einem gleichmäßigen Teig verarbeiten. Teig zu einer Kugel formen und in Frischhaltefolie wickeln. Ca. 1 Stunde im Kühlschrank ruhen lassen.

2. Backofen auf 200 °C (Umluft: 180 °C) vorheizen. 6 Tartelette-Formen (12 cm Durchmesser) mit Butter ausstreichen. Teig in 6 gleich große Portionen teilen und zu runden, ca. ½ Zentimeter hohen Teigscheiben ausrollen.

3. Förmchen damit auskleiden und leicht andrücken. Überstehenden Rand abschneiden. Im vorgeheizten Backofen ca. 15–18 Minuten backen. Nach ca. 5 Minuten Backzeit mit Backpapier abdecken, damit sie nicht zu dunkel werden. Tarteletten in der Form komplett auskühlen lassen. Aus der Form lösen.

4. Himbeeren verlesen, waschen und trocken tupfen. Sahne steif schlagen. Magerquark mit Gewürzmischung verrühren. Sahne vorsichtig unterheben. Sahne-Quark-Creme auf den Küchlein verteilen. Mit Himbeeren belegen und mit Puderxylit bestreut servieren.

APFEL-ZIMT-ROSEN

Zutaten für ca. 12 Stück

80 g Mandelmehl und etwas Mehl für die Arbeitsfläche, ½ TL Backpulver, 1 Prise Salz, 80 g Magerquark, 80 g kalte Butter, ½ Apfel, Saft von ½ Zitrone, 1 TL Aprikosenmarmelade, Zimt, etwas Puderxylit zum Bestreuen

Zubereitungszeit *ca. 1 Std. + ca. 1 Std. Kühlzeit*

Nährwertangaben

pro Stück: 80 kcal,
4 g Eiweiß, 6 g Fett,
2 g Kohlenhydrate

1. Mandelmehl und Backpulver miteinander vermischen und mit Salz, Quark und Butter zu einem Teig verkneten. Zu einer Kugel formen, in Frischhaltefolie wickeln und ca. 30 Minuten in den Kühlschrank legen.

2. Mehl auf die Arbeitsfläche geben und den Teig flach zu einem Rechteck ausrollen. Für drei übereinanderliegende Schichten das linke Drittel über das mittlere Drittel klappen und das rechte Drittel darüberlegen. In Frischhaltefolie gewickelt weitere ca. 30 Minuten in den Kühlschrank legen.

3. Apfel waschen, halbieren und Kerngehäuse entfernen. Hälfte in sehr dünne Scheiben schneiden. Apfelscheiben mit Zitronensaft beträufeln und in eine Schüssel mit Wasser legen. Schüssel ca. 3 Minuten in die Mikrowelle stellen und erwärmen. Über einem Sieb abtropfen lassen. Aprikosenmarmelade mit 1 TL Wasser mischen und kurz in der Mikrowelle erwärmen.

4. Backofen auf 220 °C (Umluft: 200 °C) vorheizen. Blätterteig in 2 Streifen à ca. 25 x 10 Zentimeter ausrollen. Streifen mit Aprikosenmarmelade bestreichen. Apfelscheiben fächerförmig und etwas überlappend auf eine Hälfte des Streifens legen. Etwas Zimt darüberstreuen. Die andere Hälfte des Teigstreifens umklappen. Streifen zu einer Rose rollen und die Apfel-Zimt-Rosen in ein Muffinblech geben. Im vorgeheizten Backofen ca. 10–15 Minuten auf der mittleren Schiene backen. Mit Zimt und Puderxylit bestreut servieren.

PROTEIN-CAKE-POPS

Zutaten für ca. 20 Stück

2 Eier, 1 Prise Salz, 50 g gemahlene Mandeln, 4 EL Eiweißpulver (Vanillegeschmack), 3 EL Kakaopulver, 1 EL Süßlupinenmehl, 1 TL Backpulver, 1 Pck. Puddingpulver (Vanillegeschmack), 50 g Margarine, 50 ml Öl, 200 ml Sojamilch, 100 g Edelbitterschokolade, gehackte Nüsse, Kokosraspel und Schokostreusel zum Verzieren

Zubereitungszeit *ca. 1 Std. und 15 Min. + ca. 2 Std. Kühlzeit*

Nährwertangaben

pro Stück: 117 kcal,
6 g Eiweiß, 9 g Fett,
4 g Kohlenhydrate

1. Backofen auf 175 °C (Umluft: 155 °C) vorheizen. Backblech mit Backpapier auslegen. Eier trennen. Eiweiße mit 1 Prise Salz steif schlagen. Nach und nach gemahlene Mandeln, Eiweißpulver, Kakao, Mehl, Backpulver und Puddingpulver zufügen und verrühren. Eigelbe und Margarine zufügen und verrühren. Öl und Sojamilch zugeben und zu einem cremigen Teig verarbeiten.

2. Teig ca. 1 Zentimeter dick auf das Backpapier streichen und im vorgeheizten Backofen ca. 10–15 Minuten backen. Teig aus dem Ofen nehmen, in Stücke teilen und in eine Rührschüssel geben. Mit dem Mixer auf niedrigster Stufe zu einem Teig verkneten. Etwas abkühlen lassen. Aus dem Teig ca. 3 Zentimeter große Kugeln formen und diese ca. 1 Stunde im Kühlschrank ruhen lassen.

3. Schokolade im Wasserbad schmelzen. Cake-Pop-Stiele in die Cake-Pops stecken. Cake-Pops in geschmolzene Schokolade tauchen, abtropfen lassen und auf ein Stück Styropor stecken. Mit gehackten Nüssen, Kokosraspel und Schokostreusel verzieren. Protein-Cake-Pops ca. 1 Stunde kalt stellen.

BANANEN-ZIMT-MUFFINS

Zutaten für 2 Stück

1 reife Banane,
1 Ei, 2 EL Magerquark,
30 g Eiweißpulver (Vanillegeschmack),
1 TL Backpulver, 1 TL Zimt,
1 Prise Salz,
2 EL gehackte Nüsse

Zubereitungszeit *ca. 25 Min.*

Nährwertangaben

pro Stück: 155 kcal,
13 g Eiweiß, 6 g Fett,
9 g Kohlenhydrate

1. Backofen auf 175 °C (Umluft: 155 °C) vorheizen. Muffinform mit Papierförmchen auslegen. Banane mit einer Gabel zerdrücken. Ei zufügen und verschlagen. Quark untermischen. Eiweißpulver mit Backpulver, Zimt und Salz mischen und unterrühren. Alles zu einem glatten Teig verarbeiten. Gehackte Nüsse unterheben.

2. Teig gleichmäßig in die Muffinform füllen und im vorgeheizten Backofen ca. 15 Minuten backen. Abkühlen lassen.

Tipp Wer seine Bananen schnell nachreifen lassen möchte, kann zu folgendem Trick greifen: Legen Sie die Bananen zusammen mit einem Apfel in eine Papiertüte. So sorgt das Hormon Ethylen von Banane und Apfel, dass die Früchte schneller reif werden.

TIRAMISU-CUPCAKES

Zutaten für 12 Stück

100 g gemahlene Mandeln, 45 g weiche Butter, 3 Eier, 165 g Xylit, 1 TL Backpulver, 2 Fläschchen Butter-Vanille-Aroma, 250 g Mascarpone, 1 Tasse Espresso, 2 Tropfen Bittermandelaroma, 100 g Sahne, etwas Kakaopulver zum Bestäuben

Zubereitungszeit *ca. 40 Min.*

Nährwertangaben

pro Stück: 247 kcal, 5 g Eiweiß, 20 g Fett, 2 g Kohlenhydrate

1. Backofen auf 170 °C (Umluft: 150 °C) vorheizen. Muffinform mit Papierförmchen auslegen. Gemahlene Mandeln, Butter, Eier, 90 Gramm Xylit und Backpulver miteinander vermischen. 1 Fläschchen Butter-Vanille-Aroma und 100 Gramm Mascarpone zufügen und alles zu einem Teig verarbeiten.

2. Teig gleichmäßig in die Muffinform füllen und im vorgeheizten Backofen ca. 20–25 Minuten backen. Abkühlen lassen.

3. Espresso mit 15 Gramm Xylit und Bittermandelaroma vermischen. Mit einem Zahnstocher kleine Löcher in die abgekühlten Cupcakes stechen und jeweils 1 Teelöffel von der Flüssigkeit auf den Cupcakes verteilen.

4. Für das Frosting restlichen Mascarpone mit restlichem Xylit und restlichem Butter-Vanille-Aroma verrühren. Sahne steif schlagen und unterheben. Mascarpone-Sahne-Mischung mit einem Spritzbeutel auf die Tiramisu-Cupcakes spritzen und mit etwas Kakaopulver bestäuben.

LIMETTEN-MUFFINS

Zutaten für 12 Stück

60 g Butter, 60 g Kokosöl,
120 g Xylit, 4 große Eier,
Saft von 2 unbehandelten Limetten,
½ TL gemahlene Bourbon-Vanille,
60 g Kokosmehl,
1 TL Weinsteinbackpulver

Zubereitungszeit *ca. 35 Min.*

Nährwertangaben

pro Stück: 151 kcal,
3 g Eiweiß, 12 g Fett,
2 g Kohlenhydrate

1. Backofen auf 180 °C (Umluft: 160 °C) vorheizen. Muffinform mit Papierförmchen auslegen. Butter und Kokosöl in einen kleinen Topf geben und bei geringer Hitze schmelzen.

2. Butter-Kokosöl-Mischung in eine Schüssel füllen. Xylit zufügen und alles schaumig schlagen. Nach und nach Eier zugeben und gut verrühren.

3. Limettensaft und Bourbon-Vanille unterrühren. Kokosmehl und Weinsteinbackpulver zufügen und alles zu einem Teig verarbeiten. Teig einige Minuten ruhen lassen.

4. Papierförmchen jeweils zu ¾ mit dem Teig befüllen und im vorgeheizten Backofen ca. 20 Minuten backen. Abkühlen lassen und servieren.

Kekse & Plätzchen

KOKOS-HÄUFCHEN

Zutaten für ca. 30 Stück

50 g Kokosblütenzucker,
½ Fläschchen Bittermandelaroma,
2 Eier,
100 g saure Sahne,
230 g Kokosraspel

Zubereitungszeit *ca. 40 Min. + ca. 10 Min. Ruhezeit*

Nährwertangaben

pro Stück: 62 kcal,
1 g Eiweiß, 5 g Fett,
2 g Kohlenhydrate

1. Kokosblütenzucker, Bittermandelaroma und Eier verrühren. Saure Sahne und Kokosraspel zufügen und alles gut vermischen. Ca. 10 Minuten ruhen lassen. Backofen auf 140 °C (Umluft: 120 °C) vorheizen. Backblech mit Backpapier auslegen.

2. Mit Hilfe von 2 Teelöffeln kleine Häufchen auf das Backpapier setzen (genügend Abstand lassen). Im vorgeheizten Backofen auf der untersten Schiene ca. 20–25 Minuten goldbraun backen. Kokos-Häufchen mit dem Backpapier vom Backblech ziehen und auf einem Kuchengitter auskühlen lassen.

Info Kokosblütenzucker wird aus dem Nektar der Kokospalme gewonnen und zeichnet sich vor allem durch seinen sehr geringen glykämischen Wert aus. Ein niedriger glykämischer Wert sorgt dafür, dass der Blutzuckerspiegel nicht so stark ansteigt wie es z. B. bei normalem, raffiniertem Zucker der Fall ist. So lassen sich Heißhungerattacken verhindern.

ERDNUSSKEKSE MIT GANZEN ERDNÜSSEN

Zutaten für ca. 10 Stück

100 g Erdnussmus,
60 g Xylit,
1 großes Ei,
10 g Kokosmehl,
1 Prise Salz,
40 g Erdnüsse

Zubereitungszeit *ca. 20 Min.*

Nährwertangaben

pro Stück: 113 kcal,
5 g Eiweiß, 7 g Fett,
2 g Kohlenhydrate

1. Backofen auf 170 °C (Umluft: 150 °C) vorheizen. Backblech mit Backpapier auslegen. Erdnussmus, Xylit und Ei miteinander verrühren. Kokosmehl und Salz zufügen und alles verrühren. Erdnüsse unterheben.

2. Mithilfe von 2 Esslöffeln kleine Kleckse auf das Backpapier setzen (genügend Abstand lassen). Im vorgeheizten Backofen ca. 10–15 Minuten backen. Auskühlen lassen.

Info Erdnüsse sind lecker und gesund. Sie enthalten neben Proteinen und gesunden Fetten reichlich Vitamin E sowie Kalium, Folsäure und Magnesium.

CHOCOLATE CHIP COOKIES

Zutaten für ca. 8 Stück

1 EL Butter, 40 g gemahlene Mandeln,
40 g gehackte Mandeln, 1 Ei,
½ Fläschchen Vanillearoma,
½ TL Natron, 1 Prise Salz,
2 EL Sahne, Süßstoff nach Geschmack,
50 g gehackte Edelbitterschokolade

Zubereitungszeit *ca. 30 Min. + ca. 30 Min. Kühlzeit*

Nährwertangaben

pro Stück: 127 kcal,
4 g Eiweiß, 10 g Fett,
3 g Kohlenhydrate

1. Butter in einem kleinen Topf bei geringer Hitze schmelzen. Geschmolzene Butter, Mandeln, Ei, Vanillearoma, Natron, Salz und Sahne zu einem cremigen Teig verrühren. Mit Süßstoff abschmecken. Gehackte Schokolade unterheben. Teig ca. 30 Minuten im Kühlschrank ruhen lassen.

2. Backofen auf 180 °C (Umluft: 160 °C) vorheizen. Backblech mit Backpapier auslegen. Mithilfe von 2 Teelöffeln kleine Kleckse auf das Backpapier setzen (genügend Abstand lassen).

3. Im vorgeheizten Backofen ca. 12 Minuten backen. Chocolate Chip Cookies auskühlen lassen.

ZIMT-BUTTER-KEKSE

Zutaten für ca. 15 Stück

125 g Butter,
1 Ei, 1 Prise Salz,
200 g gemahlene Mandeln,
1 TL Zimt, 1 TL Vanille,
2 gehäufte EL Stevia

Zubereitungszeit *ca. 45 Min.*

Nährwertangaben

pro Stück: 153 kcal,
4 g Eiweiß, 15 g Fett,
2 g Kohlenhydrate

1. Backofen auf 150 °C (Umluft: 130 °C) vorheizen. Backblech mit Backpapier auslegen. Alle Zutaten zu einem glatten Teig verarbeiten. Mit angefeuchteten Händen ca. 15 Kugeln rollen. Auf das Backpapier setzen.

2. Im vorgeheizten Backofen ca. 5 Minuten backen. Backblech herausnehmen und die Kugeln mithilfe einer Gabel jeweils längs und quer vorsichtig flach drücken. Backblech in den Backofen schieben und weitere ca. 15–20 Minuten backen. Abkühlen lassen.

Tipp Die Zimt-Butter-Kekse lassen sich auch prima mit Walnüssen verzieren. Mit ihrem hohen Anteil an ungesättigten Fettsäuren gilt die Walnuss als eine der gesündesten Nussarten überhaupt.

CRANBERRY COOKIES

Zutaten für ca. 9 Stück

50 g Edelbitterschokolade (75–90 % Kakaoanteil),
30 g getrocknete Cranberrys, 1 Ei,
15 g zimmerwarme Butter, 25 g Xylit,
½ Fläschchen Butter-Vanille-Aroma,
80 g gemahlene Mandeln,
3 TL Flohsamenschalen, ½ TL Backpulver

Zubereitungszeit *ca. 25 Min.*

Nährwertangaben

pro Stück: 127 kcal,
3 g Eiweiß, 10 g Fett,
4 g Kohlenhydrate

1. Backofen auf 190 °C (Umluft: 170 °C) vorheizen. Backblech mit Backpapier auslegen. Schokolade und Cranberrys klein hacken. Ei, Butter, Xylit und Butter-Vanille-Aroma schaumig schlagen. Mandeln, Flohsamenschalen und Backpulver miteinander vermischen und unterrühren. Schokolade und Cranberrys unterheben.

2. Teig in 9 Portionen teilen und gleich große Kugeln formen. Kugeln auf das Backpapier setzen (genügend Abstand lassen) und etwas flach drücken. Im vorgeheizten Backofen ca. 15 Minuten auf der mittleren Schiene backen. Cranberry Cookies mithilfe des Backpapiers auf ein Kuchengitter ziehen und auskühlen lassen.

SCHOKOLADEN-KEKSE

Zutaten für ca. 60 Stück

30 g Butter, 120 g Erythrit,
2 große Eier, 60 g Mandelmehl,
40 g Dinkelvollkornmehl,
1 TL Backpulver, 30 g Kakaopulver,
½–1 TL Zimt, etwas frisch gemahlener Muskat,
1 TL Weizenkleie, 1 TL Chiasamen,
50 g Edelbitterschokolade (75 % Kakaoanteil)

Zubereitungszeit *ca. 45 Min.*

Nährwertangaben

pro Stück: 19 kcal,
1 g Eiweiß, 1 g Fett,
1 g Kohlenhydrate

1. Backblech mit Backpapier auslegen. Butter und Erythrit verrühren. Eier zugeben und verrühren. Mandelmehl, Dinkelvollkornmehl und Backpulver zufügen und alles gut verrühren. Kakao mit etwas heißem Wasser dickflüssig anrühren und zu dem Teig geben. Zimt, Muskat, Weizenkleie und Chiasamen unterrühren. Schokolade klein hacken und unterheben.

2. Mithilfe von 2 Teelöffeln kleine Kleckse auf das Backpapier setzen (genügend Abstand lassen) und etwas flach drücken. Backofen nicht vorheizen! Bei 175 °C (Umluft: 155 °C) ca. 10–15 Minuten backen. Schokoladenkekse auskühlen lassen.

VANILLE-KIPFERL

Zutaten für ca. 60 Stück

250 g Mandelmehl,
125 g gemahlene Haselnüsse,
1 Msp. Weinsteinbackpulver,
200 g Butter, 125 g Erythrit,
2 Fläschchen Vanille-Aroma,
etwas Puderxylit zum Bestreuen

Zubereitungszeit *ca. 20 Min.*

Nährwertangaben

pro Stück: 51 kcal,
2 g Eiweiß, 4 g Fett,
1 g Kohlenhydrate

1. Backofen auf 200 °C (Umluft: 180 °C) vorheizen. Backblech mit Backpapier auslegen. Mandelmehl, Haselnüsse und Weinsteinbackpulver miteinander vermischen. Butter, Erythrit und Vanille-Aroma zufügen und alles zu einem glatten Teig verkneten.

2. Aus dem Teig bleistiftdicke Rollen formen und in ca. 4–5 Zentimeter lange Stücke schneiden. Die Enden etwas dünner rollen und zu den typischen Vanille-Kipferln formen. Auf das Backpapier legen und im vorgeheizten Backofen ca. 10 Minuten backen. Die heißen Kipferl mit Puderxylit bestreuen. Auskühlen lassen und nach Belieben nochmals mit Puderxylit bestreuen.

FEINE SPITZBUBEN

Zutaten für ca. 60 Stück

200 g Mandelmehl, 80 g Margarine,
1 Ei, 150 g Erythrit,
etwas Zimt, etwas Nelkenpulver,
etwas abgeriebene Schale von 1 unbehandelten Zitrone,
1 Glas Stevia-Marmelade, etwas Puderxylit zum Bestäuben

Zubereitungszeit *ca. 1 Std. + ca. 30 Min. Kühlzeit*

Nährwertangaben

pro Stück: 24 kcal,
1 g Eiweiß, 2 g Fett,
1 g Kohlenhydrate

1. Mandelmehl, Margarine, Ei und Erythrit zu einem geschmeidigen Mürbeteig verarbeiten. Bei Bedarf noch etwas Mandelmehl zugeben. Mit Zimt, Nelkenpulver und Zitronenabrieb abschmecken. Teig nochmals gut verkneten und in Frischhaltefolie wickeln. Ca. 30 Minuten kalt stellen.

2. Backofen auf 180 °C (Umluft: 160 °C) vorheizen. Backblech mit Backpapier auslegen. Teig dünn ausrollen und mit einem Spitzbubenausstecher kleine Plätzchen ausstechen. Mit einem Ausstecher bei der Hälfte der Plätzchen aus der Mitte Kreise, Herzen oder Sterne ausstechen. Plätzchen auf das Backpapier legen und im vorgeheizten Backofen ca. 5 Minuten backen (die Plätzchen dürfen nur am Rand etwas braun werden). Abkühlen lassen.

3. Die Plätzchen ohne ausgestochene Form in der Mitte mit etwas Marmelade bestreichen und je ein Plätzchen mit ausgestochener Form darauflegen und leicht andrücken. Spitzbuben dünn mit Puderxylit bestäuben.

SCHOKO-MANDEL-WÜRFEL

Zutaten für ca. 18 Stück

1 großes Ei, 1 Eigelb,
Mark von ½ Vanilleschote, 150 g Xylit,
140 g gemahlene Mandeln,
100 g Edelbitterschokolade,
50 g Mascarpone, 50 g Sahne

Zubereitungszeit *ca. 40 Min. + ca. 30 Min. Kühlzeit und ca. 12 Std. Ruhezeit*

Nährwertangaben

pro Stück: 126 kcal,
3 g Eiweiß, 9 g Fett,
3 g Kohlenhydrate

1. Ei mit Eigelb und Vanillemark schaumig aufschlagen. Xylit im Mörser zu Puderzucker zerkleinern und zugeben. Gemahlene Mandeln zugeben und alles zu einem gleichmäßigen Teig verarbeiten. In Frischhaltefolie wickeln und ca. 30 Minuten kalt stellen.

2. Backofen auf 180 °C (Umluft: 160 °C) vorheizen. Backblech mit Backpapier auslegen. Teig ausrollen und mit einem Plätzchenausstecher kleine Vierecke ausstechen. Plätzchen auf das Backpapier legen und im vorgeheizten Backofen ca. 10 Minuten backen.

3. Schokolade im Wasserbad schmelzen. Etwas abkühlen lassen. Mascarpone und Sahne vermischen und unterrühren. Jeweils ein Plätzchen mit Schokoladencreme bestreichen und ein zweites Plätzchen darauflegen. Leicht andrücken. Schoko-Mandel-Würfel ca. 12 Stunden ruhen lassen.

MANDEL-BISCOTTI

Zutaten für ca. 12 Stück

*150 g gemahlene Mandeln, 1 EL Mandelmehl,
1 Prise Salz, 1 TL Backpulver, ½ TL Stevia,
abgeriebene Schale von 1 unbehandelten Zitrone,
2 EL Honig, 50 g Mandeln*

Zubereitungszeit *ca. 45 Min.*

Nährwertangaben

pro Stück: 113 kcal,
4 g Eiweiß, 9 g Fett,
2 g Kohlenhydrate

1. Backofen auf 160 °C (Umluft: 140 °C) vorheizen. Backblech mit Backpapier auslegen. Gemahlene Mandeln, Mandelmehl, Salz und Backpulver vermischen. Stevia, Zitronenabrieb und Honig zufügen und zu einem Teig verkneten.

2. Mandeln unterkneten. Teig zu 2 kleinen Laiben formen und auf das Backpapier legen. Im vorgeheizten Backofen ca. 15 Minuten backen. Kurz abkühlen lassen.

3. Laibe in kleine, ca. 2 Zentimeter breite Stücke schneiden. Auf das Backpapier legen und im vorgeheizten Backofen ca. 15 Minuten backen; dabei einmal wenden. Abkühlen lassen.

WEIHNACHTLICHE ZIMTSTERNE

Zutaten für ca. 30 Stück

2 Eiweiß,
½ TL Zitronensaft,
125 g Xylit,
100 g gemahlene Haselnüsse,
100 g gemahlene Mandeln,
2 TL Zimt

Zubereitungszeit *ca. 45 Min. + ca. 20 Min. Kühlzeit*

Nährwertangaben

pro Stück: 54 kcal,
1 g Eiweiß, 4 g Fett,
1 g Kohlenhydrate

1. Eiweiße steif schlagen. Zitronensaft und Xylit zufügen und gut verrühren. Zum Bestreichen der Zimtsterne 3 Esslöffel Eiweiß abnehmen und beiseitestellen. Gemahlene Haselnüsse, gemahlene Mandeln und Zimt miteinander vermischen. Eischnee vorsichtig unterheben. Ca. 20 Minuten im Kühlschrank ruhen lassen.

2. Backofen auf 160 °C (Umluft: 140 °C) vorheizen. Backblech mit Backpapier auslegen. Teig ca. 1 Zentimeter dick ausrollen und Sterne ausstechen.

3. Sterne auf das Backpapier legen und mit dem restlichen Eischnee bestreichen. Im vorgeheizten Backofen auf der untersten Schiene ca. 12 Minuten backen.

ERDNUSS-MANDEL-MAKRONEN

Zutaten für ca. 50 Stück

8 Eiweiß,
1 Prise Salz, 150 g Erythrit,
200 g geröstete und gesalzene Erdnüsse,
200 g gemahlene Mandeln,
100 g Erdnussbutter mit Stücken,
40 g Karamellsirup,
ca. 50 ganze Mandeln zum Garnieren

Zubereitungszeit *ca. 45 Min.*

Nährwertangaben

pro Stück: 70 kcal,
3 g Eiweiß, 6 g Fett,
1 g Kohlenhydrate

1. Backofen auf 180 °C (Umluft: 160 °C) vorheizen. Backblech mit Backpapier auslegen. Eiweiße mit 1 Prise Salz steif schlagen. Erythrit zugeben und weiterschlagen. Erdnüsse in der Küchenmaschine grob zerkleinern.

2. Zerkleinerte Erdnüsse, gemahlene Mandeln, Erdnussbutter und Karamellsirup vermischen. Eischnee unterheben. Mithilfe von 2 Teelöffeln kleine Kleckse auf das Backpapier setzen (genügend Abstand lassen). In jede Makrone 1 Mandel drücken. Im vorgeheizten Backofen ca. 20–25 Minuten backen. Erdnuss-Mandel-Makronen mit dem Backpapier vom Backblech ziehen und auf einem Kuchengitter auskühlen lassen.

APFEL-ZIMT-COOKIES

Zutaten für ca. 20 Stück

100 g Butter,
4 Eigelb,
1 Apfel,
60 g Walnüsse,
100 g Mandelmehl,
70 g Xylit,
2 TL Zimt

Zubereitungszeit *ca. 35 Min.*

Nährwertangaben

pro Stück: 100 kcal,
3 g Eiweiß, 8 g Fett,
1 g Kohlenhydrate

1. Backofen auf 170 °C (Umluft: 150 °C) vorheizen. Backblech mit Backpapier auslegen. Butter in einen kleinen Topf geben und bei geringer Hitze schmelzen. Etwas abkühlen lassen. Mit Eigelben verrühren. Apfel waschen, halbieren, Kerngehäuse entfernen und Fruchtfleisch klein würfeln. Walnüsse grob hacken.

2. Apfelwürfel, Walnüsse, Mandelmehl, Xylit und Zimt zur Butter-Eigelb-Mischung geben und alles gut verrühren. Mithilfe von 2 Teelöffeln ca. walnussgroße Häufchen (genügend Abstand lassen) auf das Backpapier setzen. Im vorgeheizten Backofen ca. 12–15 Minuten backen. Apfel-Zimt-Cookies mit dem Backpapier vom Backblech ziehen und auf einem Kuchengitter auskühlen lassen.

Brot & Brötchen

LOW-CARB-WEISSBROT MIT DINKEL

Zutaten für 2 Brote

270 g gemahlene Mandeln,
80 g gemahlene Flohsamenschalen,
20 g Dinkelvollkornmehl,
1 ½ Pck. Backpulver,
1 TL Salz, 5 Eiweiß,
30 ml Essig, 2 EL Sesam

Zubereitungszeit *ca. 1 Std. und 25 Min.*

Nährwertangaben

pro Brot: 1010 kcal,
46 g Eiweiß, 80 g Fett,
20 g Kohlenhydrate

1. Backofen auf 180 °C (Umluft: 160 °C) vorheizen. Backblech mit Backpapier auslegen. Mandeln, Flohsamenschalen und Dinkelvollkornmehl miteinander vermischen. Backpulver darübersieben. Salz zugeben und alles gut vermischen. Eiweiße und Essig zugeben und verrühren. 360 Milliliter Wasser aufkochen und vorsichtig zugießen. Verrühren und zu einem Teig verkneten.

2. Teig in 2 Portionen teilen. 2 Brotlaibe daraus formen und mit Sesam bestreuen. Auf das Backpapier legen und im vorgeheizten Backofen ca. 1 Stunde und 10 Minuten backen. Auf einem Backgitter auskühlen lassen.

KÖRNER-BROT

Zutaten für 1 Brot

40 g Walnüsse, 150 g Magerquark,
4 Eier, 50 g Mandelmehl,
50 g geschroteter Leinsamen,
1 TL Salz, 20 g Hanfsamen,
20 g Sesam,
20 g Sonnenblumenkerne,
20 g Kürbiskerne

Zubereitungszeit *ca. 1 Std. und 10 Min.*

Nährwertangaben

pro Brot: 1473 kcal,
103 g Eiweiß, 100 g Fett,
20 g Kohlenhydrate

1. Backofen auf 180 °C (Umluft: 160 °C) vorheizen. Kleine Kastenform mit Backpapier auslegen. Walnüsse grob hacken. Quark, Eier, Mandelmehl, Leinsamen und Salz miteinander vermischen. Hanfsamen zugeben und verrühren. Walnüsse unterrühren.

2. Teig in die Form füllen und mit Sesam, Sonnenblumenkernen und Kürbiskernen bestreuen. Im vorgeheizten Backofen ca. 1 Stunde backen. Körner-Brot kurz in der Form abkühlen lassen. Herausnehmen und auf einem Backgitter komplett auskühlen lassen.

QUARK-BROT

Zutaten für 1 Brot

150 g Magerquark, 2 Eier,
50 g gemahlene Mandeln,
25 g gemahlener Buchweizen,
50 g geschroteter Leinsamen,
10 g Mehl, ½ Pck. Backpulver,
½ TL Salz, 1 EL Haferflocken,
1 EL Sesam, 1 EL Leinsamen

Zubereitungszeit *ca. 45 Min. + 10 Min. Ruhezeit*

Nährwertangaben

pro Brot: 1001 kcal,
65 g Eiweiß, 64 g Fett,
24 g Kohlenhydrate

1. Quark mit Eiern verrühren. Mandeln, Buchweizen, Leinsamen, Mehl, Backpulver und Salz vermischen und unterrühren. Ca. 10 Minuten ruhen lassen. Backofen auf 170 °C (Umluft: 150 °C) vorheizen. Kastenform (20 cm) mit Backpapier auslegen.

2. Teig in die Form füllen und mit Haferflocken, Sesam und Leinsamen bestreuen. Im vorgeheizten Backofen auf der mittleren Schiene ca. 30–35 Minuten backen. Quark-Brot kurz in der Form abkühlen lassen. Herausnehmen und auf einem Backgitter komplett auskühlen lassen.

SONNENBLUMEN-BROT

Zutaten für 1 Brot

50 g Sonnenblumenkerne und
einige Sonnenblumenkerne zum Bestreuen,
50 g Weizenkleie,
50 g geschroteter Leinsamen,
50 g neutrales Eiweißpulver,
1 gehäufter TL Backpulver, 1 TL Salz,
250 g Magerquark, 2 Eier

Zubereitungszeit *ca. 50 Min. + 10 Min. Ruhezeit*

Nährwertangaben

pro Brot: 1241 kcal,
121 g Eiweiß, 45 g Fett,
48 g Kohlenhydrate

1. Sonnenblumenkerne, Weizenkleie, Leinsamen und Eiweißpulver mit Backpulver und Salz vermischen. Quark und Eier zugeben und zu einem Teig verkneten. Ca. 10 Minuten ruhen lassen. Backofen auf 200 °C (Umluft: 180 °C) vorheizen. Backblech mit Backpapier auslegen.

2. Aus dem Teig 1 Brotlaib formen und mit Sonnenblumenkernen bestreuen. Auf das Backpapier legen und im vorgeheizten Backofen ca. 40 Minuten backen. Auf einem Backgitter auskühlen lassen.

CLOUD BREAD

Zutaten für 6 Stück

3 Eier,
1 Prise Salz,
3 EL Frischkäse (Doppelrahmstufe),
1 Msp. Backpulver

Zubereitungszeit *ca. 40 Min.*

Nährwertangaben

pro Stück: 50 kcal,
3 g Eiweiß, 4 g Fett,
0 g Kohlenhydrate

1. Backofen auf 150 °C (Umluft: 130 °C) vorheizen. Backblech mit Backpapier auslegen. Eier trennen. Eigelbe mit Salz und Frischkäse verrühren. Eiweiße mit Backpulver steif schlagen. Eischnee vorsichtig unter die Eigelbmasse heben.

2. Masse mit einem Löffel in runden Fladen auf dem Backpapier verteilen und im vorgeheizten Backofen ca. 30 Minuten goldbraun backen.

Tipp Cloud Bread kann super variiert werden. Mit unterschiedlichen Gewürzen wie z. B. Rosmarin oder Thymian bestreut, schmeckt es himmlisch lecker. Mit Tomaten, Käse und Rauke belegt, entsteht im Handumdrehen eine köstliche Pizza ohne Kohlenhydrate. Auch ein Cloud-Bread-Sandwich ist schnell zubereitet. Wie wäre es mit Frischkäse, Schinken, Avocado und ein paar Salatblättern?

CHIA-BRÖTCHEN

Zutaten für 2 Stück

1 Ei, 1 EL Magerquark, ½ EL Frischkäse, 20 g geriebener Käse (z. B. Gouda), 1 TL Backpulver, 1 Prise Salz, 3 EL Flohsamenschalen, 1 EL Chiasamen, ½ EL geschroteter Leinsamen

Zubereitungszeit *ca. 40 Min.*

Nährwertangaben

pro Stück: 149 kcal, 10 g Eiweiß, 9 g Fett, 4 g Kohlenhydrate

1. Backofen auf 200 °C (Umluft: 180 °C) vorheizen. Backblech mit Backpapier auslegen. Alle Zutaten gut miteinander verrühren.

2. Aus dem Teig 2 Teiglinge formen und auf das Backpapier legen. Teiglinge mit einem scharfen Messer kreuzweise ca. 1 Zentimeter tief einschneiden. Im vorgeheizten Backofen ca. 20–30 Minuten goldbraun backen. Auf einem Backgitter auskühlen lassen.

Tipp Die Chia-Brötchen sind auch am nächsten Tag noch super schmackhaft. Einfach mit etwas Wasser bespritzen und kurz im Backofen aufbacken.

WALNUSS-BROT

Zutaten für 1 Brot

250 g Quark, 2 Eier,
50 g gehackte Walnüsse,
50 g geschroteter Leinsamen,
50 g Weizenkleie,
50 g neutrales Eiweißpulver,
1 TL Backpulver

Zubereitungszeit *ca. 30 Min. + ca. 10 Min. Ruhezeit*

Nährwertangaben

pro Brot: 1245 kcal,
113 g Eiweiß, 64 g Fett,
30 g Kohlenhydrate

1. Backofen auf 180 °C (Umluft: 160 °C) vorheizen. Backblech mit Backpapier auslegen. Quark mit Eiern verrühren. Restliche Zutaten zugeben und alles zu einem Teig verarbeiten. Teig ca. 10 Minuten ruhen lassen.

2. Teig zu einem Brotlaib formen und auf das Backpapier legen. Mit einem scharfen Messer die Oberseite parallel zur Längsachse leicht schräg ca. 1 Zentimeter tief einschneiden. Im vorgeheizten Backofen ca. 25 Minuten backen.

Tipp Das Walnussbrot schmeckt frisch gebacken sehr gut als Butterbrot, köstlich ist es auch mit Schinken oder Käse belegt. Zum Frühstück passt ein Aufstrich aus Frischkäse oder Hüttenkäse, garniert mit Tomatenscheiben.

BAGUETTE-BRÖTCHEN

Zutaten für ca. 4 Stück

20 g Butter, 2 Eier,
1 TL milder Senf, 120 g Mandelmehl,
1 gestrichener EL Flohsamenschalenmehl,
2 gestrichene TL Backpulver,
1 Prise Salz

Zubereitungszeit *ca. 40 Min. + ca. 20 Min. Ruhezeit*

Nährwertangaben

pro Stück: 169 kcal,
15 g Eiweiß, 10 g Fett,
2 g Kohlenhydrate

1. Butter in einen kleinen Topf geben und bei geringer Hitze schmelzen. 115 Milliliter Wasser zum Kochen bringen. Eier mit Wasser schaumig aufschlagen. Geschmolzene Butter und Senf unter Rühren zugeben. Mandelmehl, Flohsamenschalenmehl, Backpulver und Salz miteinander vermischen und nach und nach zur Ei-Mischung geben. Zu einem Teig verarbeiten. Backblech mit Backpapier auslegen.

2. Aus dem Teig längliche Teiglinge formen und auf das Backpapier legen. Mit einem scharfen Messer längs einritzen und die Teiglinge ca. 20 Minuten ruhen lassen. Backofen auf 200 °C (Umluft: 180 °C) vorheizen.

3. Im vorgeheizten Backofen auf der mittleren Schiene ca. 20 Minuten goldbraun backen. Auf einem Backgitter auskühlen lassen.

KÜRBIS-KOKOS-BROT

Zutaten für 1 Brot

400 g Hokkaidokürbis,
80 ml Kokosmilch, 4 große Eier,
1 TL Salz, ½ TL Zimt, ½ TL Kardamom,
etwas frisch geriebener Muskat,
200 g gemahlene Mandeln,
50 g Flohsamenschalen,
2 TL Backpulver

Zubereitungszeit *ca. 1 Std. und 25 Min.*

Nährwertangaben

pro Brot: 2043 kcal,
89 g Eiweiß, 154 g Fett,
69 g Kohlenhydrate

1. Kürbis waschen, entkernen und grob zerkleinern. Kürbisstücke in einen Topf geben, mit Wasser aufgießen, kurz aufkochen und gar köcheln lassen.

2. Backofen auf 200 °C (Umluft: 180 °C) vorheizen. Kastenform mit Backpapier auslegen. Kürbis mit Kokosmilch pürieren. Eier mit Salz, Zimt, Kardamom und Muskat schaumig schlagen. Zur Kürbismasse geben und gut verrühren. Mandeln, Flohsamenschalen und Backpulver miteinander vermischen und unterrühren. Zu einem Teig verarbeiten.

3. Teig in die Form füllen und im vorgeheizten Backofen ca. 1 Stunde backen. Kürbisbrot kurz in der Form abkühlen lassen. Herausnehmen und auf einem Backgitter komplett auskühlen lassen.

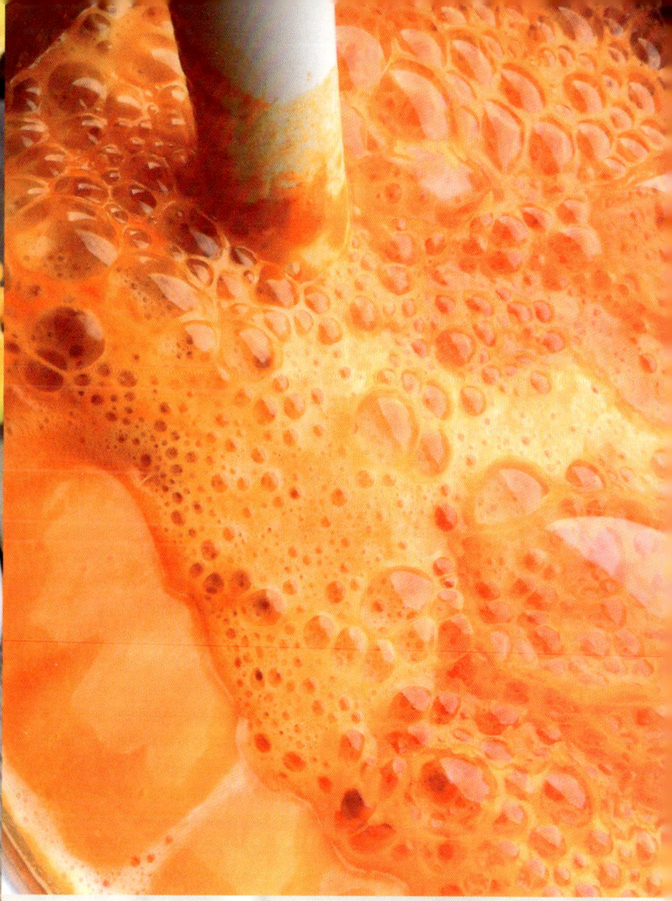

FRISCHKÄSE-BRÖTCHEN

Zutaten für ca. 6 Stück

200 g Frischkäse,
3 Eier,
45 g Flohsamenschalen,
½ TL Backpulver,
½ TL Salz

Zubereitungszeit *ca. 55 Min. + ca. 10 Min. Ruhezeit*

Nährwertangaben

pro Stück: 124 kcal,
5 g Eiweiß, 11 g Fett,
2 g Kohlenhydrate

1. Frischkäse und Eier miteinander vermischen. Flohsamenschalen, Backpulver und Salz zufügen und alles gut verrühren. Teig ca. 10 Minuten ruhen lassen. Backofen auf 150 °C (Umluft: 130 °C) vorheizen. Backblech mit Backpapier auslegen.

2. Aus dem Teig 6 Teiglinge formen und auf das Backpapier legen. Im vorgeheizten Backofen ca. 50 Minuten backen. Auskühlen lassen.

Tipp Die Frischkäse-Brötchen lassen sich wunderbar variieren. Nach Belieben mit Sonnenblumenkernen, Kürbiskernen oder Sesam bestreuen. So ergeben sie immer wieder ein anderes Geschmackserlebnis.

GEWÜRZBROT MIT QUARK

Zutaten für 1 Brot

500 g Magerquark, 5 Eier,
100 g geschroteter Leinsamen, 100 g gemahlene Mandeln,
3 gehäufte EL Sonnenblumenkerne und einige Sonnenblumenkerne zum Bestreuen,
3 gehäufte EL Weizenkleie, 2 gehäufte EL Sojamehl, 1 Pck. Backpulver,
1 gehäufter TL Salz, 1 gestrichener TL gemahlener Kümmel,
1 EL Balsamico, etwas frischer Schnittlauch, etwas Kürbiskernöl

Zubereitungszeit *ca. 1 Std. und 10 Min.*

Nährwertangaben

pro Brot: 2239 kcal,
167 g Eiweiß, 135 g Fett,
52 g Kohlenhydrate

1. Backofen auf 150 °C (Umluft: 130 °C) vorheizen. Kastenform mit Backpapier auslegen. Magerquark mit Eiern verrühren. Restliche Zutaten zufügen und zu einem gleichmäßigen Teig verarbeiten.

2. Teig in die Form füllen und mit Sonnenblumenkernen bestreuen. Im vorgeheizten Backofen ca. 1 Stunde und 30 Minuten backen. Gewürzbrot kurz in der Form abkühlen lassen. Herausnehmen und auf einem Backgitter komplett auskühlen lassen.

KÖRNER-BRÖTCHEN

Zutaten für 6 Stück

250 g Quark (20 % Fett), 2 große Eier, 50 g Haferkleie, 25 g geschroteter Leinsamen, 25 g Flohsamenschalen, 25 g neutrales Eiweißpulver, 20 g Kokosmehl, 1 TL Backpulver, 1 TL Salz, ½ TL Guarkernmehl, 30 g Körnermischung

Zubereitungszeit *ca. 40 Min.*

Nährwertangaben

pro Stück: 197 kcal, 16 g Eiweiß, 10 g Fett, 8 g Kohlenhydrate

1. Backofen auf 195 °C (Umluft: 175 °C) vorheizen. Backblech mit Backpapier auslegen. Quark mit Eiern verrühren. Restliche Zutaten zufügen und zu einem gleichmäßigen Teig verarbeiten.

2. Aus dem Teig 6 Teiglinge formen und auf das Backpapier legen. Im vorgeheizten Backofen ca. 30 Minuten backen. Auf einem Backgitter auskühlen lassen.

Tipp Als Körnermischung eignen sich beispielsweise Sonnenblumenkerne, Kürbiskerne, Sesam, Pinienkerne und Leinsamen. Leinsamen enthält wertvolles Leinöl und sorgt für ein langes Sättigungsgefühl.

DINKEL-BRÖTCHEN

Zutaten für 6 Stück

4 Eier,
1 Prise Salz,
55 g Kräuterfrischkäse,
40 g Dinkelschrot,
10 g Backpulver

Zubereitungszeit *ca. 40 Min.*

Nährwertangaben

pro Stück: 96 kcal,
6 g Eiweiß, 6 g Fett,
6 g Kohlenhydrate

1. Backofen auf 170 °C (Umluft: 150 °C) vorheizen. Backblech mit Backpapier auslegen. Eier trennen. Eiweiße mit 1 Prise Salz steif schlagen. Eigelbe mit Frischkäse verrühren. Dinkelschrot und Backpulver unterrühren. Eischnee vorsichtig unterheben.

2. Aus dem Teig 6 Teiglinge formen und auf das Backpapier legen. Im vorgeheizten Backofen ca. 30 Minuten backen. Auf einem Backgitter auskühlen lassen.

Tipp Die Dinkelbrötchen passen perfekt zu cremigem Rührei mit Tomaten und Schinken und lassen sich auch bestens als Sandwich verwenden. Mit Frischkäse bestreichen und mit Salatblättern, Käsescheiben und Gurken belegen.

Herzhaftes aus dem Ofen

SCHINKEN-KÄSE-MUFFINS

Zutaten für 12 Stück

*100 g geräucherter Schinken,
1 kleine rote Paprikaschote,
500 g Magerquark, 3 Eier, 250 g Haferkleie,
100 g geriebener Käse, 1 TL Backpulver,
etwas Salz, frisch gemahlener Pfeffer,
1 TL Paprikapulver, Fett für die Form,
Petersilie zur Dekoration*

Zubereitungszeit *ca. 30 Min.*

Nährwertangaben

pro Stück: 169 kcal,
14 g Eiweiß, 5 g Fett,
14 g Kohlenhydrate

1. Backofen auf 180 °C (Umluft: 160 °C) vorheizen. Schinken fein würfeln. Paprika putzen, waschen und fein würfeln. Schinken und Paprika mit Quark vermischen. Eier, Haferkleie, Käse und Backpulver zufügen und alles gut verrühren. Mit Salz, Pfeffer und Paprikapulver würzen.

2. Muffinform mit Fett ausstreichen. Teig gleichmäßig in der Muffinform verteilen. Im vorgeheizten Backofen ca. 20 Minuten backen. Etwas auskühlen lassen und mit Petersilie dekoriert servieren.

DEFTIGER FLAMMKUCHEN

Zutaten für 1 Flammkuchen

250 g Vollkornmehl,
250 g Mandelmehl,
5 EL Olivenöl,
500 g Zwiebeln,
250 g Schinkenspeck,
250 g Crème fraîche,
½ Bund Schnittlauch

Zubereitungszeit *ca. 30 Min.*

Nährwertangaben

pro Kuchen: 3087 kcal,
142 g Eiweiß, 180 g Fett,
194 g Kohlenhydrate

1. Backofen auf 250 °C (Umluft: 230 °C) vorheizen. Backblech mit Backpapier auslegen. Vollkornmehl und Mandelmehl miteinander vermischen. Olivenöl und 350 Milliliter Wasser zufügen und zu einem Teig verarbeiten.

2. Zwiebel schälen und in feine Ringe schneiden. Schinkenspeck in längliche Streifen schneiden. Teig ausrollen und auf das Backpapier legen. Mit Crème fraîche bestreichen und mit Zwiebeln und Schinkenspeck belegen. Im vorgeheizten Backofen ca. 15 Minuten backen. Schnittlauch waschen, trocken schütteln und in Röllchen schneiden. Flammkuchen mit Schnittlauch bestreuen und servieren.

PIZZA MIT THUNFISCHBODEN

Zutaten für 1 Pizza

1 ½ Dosen Thunfisch im eigenen Saft,
2 Eier, 1 Zwiebel, 100 g Cherrytomaten,
25 g Oliven, 100 ml Tomatensoße,
Salz, frisch gemahlener Pfeffer, Oregano,
80 g geriebener Käse, einige Basilikumblättchen

Zubereitungszeit *ca. 45 Min.*

Nährwertangaben

pro Pizza: 811 kcal,
99 g Eiweiß, 38 g Fett,
19 g Kohlenhydrate

1. Backofen auf 180 °C (Umluft: 160 °C) vorheizen. Backblech mit Backpapier auslegen. Thunfisch gut abtropfen lassen. Eier verschlagen. Thunfisch zufügen und alles miteinander verkneten.

2. Thunfischmischung ca. ½ Zentimeter dick gleichmäßig auf dem Backpapier verteilen. Im vorgeheizten Backofen ca. 10–15 Minuten backen. Zwiebel schälen und in Ringe schneiden. Tomaten waschen, halbieren, vom Stielansatz befreien und in Scheiben schneiden. Oliven in Ringe schneiden.

3. Den vorgebackenen Boden mit Tomatensoße bestreichen und mit Zwiebel, Tomaten und Oliven belegen. Mit Salz, Pfeffer und Oregano würzen. Pizza mit geriebenem Käse bestreuen. Im vorgeheizten Backofen weitere ca. 20 Minuten backen. Mit Basilikumblättchen bestreut servieren.

KÄSE-KRÄUTER-QUICHE

Zutaten für ca. 12 Stücke

125 g kalte Butter und etwas Butter für die Form, 150 g Magerquark, 150 g Mandelmehl, Salz, 250 g Frischkäse, 200 g Crème fraîche, 3 Eier, 100 g geriebener Käse, Saft von ½ Zitrone, fein gehackte Kräuter nach Belieben (z. B. Petersilie, Schnittlauch, Basilikum), frisch gemahlener Pfeffer, etwas frisch geriebener Muskat

Zubereitungszeit *ca. 1. Std. + ca. 1 Std. Ruhezeit*

Nährwertangaben

pro Stück: 280 kcal, 12 g Eiweiß, 24 g Fett, 3 g Kohlenhydrate

1. Kalte Butter in Stücke schneiden. Quark mit Butterstücken, Mandelmehl und etwas Salz zu einem Teig verkneten. Zu einer Kugel formen und in Frischhaltefolie wickeln. Ca. 1 Stunde im Kühlschrank ruhen lassen.

2. Backofen auf 180 °C (Umluft: 160 °C) vorheizen. Eine Springform (28 cm Durchmesser) mit Butter ausstreichen. Frischkäse, Crème fraîche, Eier, Käse und Zitronensaft miteinander vermischen. Fein gehackte Kräuter untermischen. Mit Salz, Pfeffer und Muskat würzen. Teig ausrollen und in die Form füllen. Ränder etwas hochziehen.

3. Füllung auf dem Teig verstreichen. Im vorgeheizten Backofen ca. 40–45 Minuten backen.

QUINOA-MUFFINS

Zutaten für 6 Stück

25 g Quinoa, Salz, 1 TL Olivenöl,
1 kleine Paprikaschote, 100 g geriebener Mozzarella,
30 g geriebener Parmesan

Zubereitungszeit *ca. 45 Min. + ca. 40 Min. Quellzeit*

Nährwertangaben

pro Stück: 93 kcal,
5 g Eiweiß, 6 g Fett,
4 g Kohlenhydrate

1. Quinoa in ein Sieb geben und unter fließendem kalten Wasser gründlich abspülen. 75 Milliliter Wasser in einem Topf zum Kochen bringen. Quinoa zugeben und zugedeckt bei mittlerer Hitze ca. 10 Minuten kochen. Topf vom Herd nehmen und offen ca. 30–40 Minuten quellen lassen.

2. Quinoa über einem Sieb abtropfen lassen. In eine Schüssel geben und mit 1 Prise Salz und Olivenöl vermischen. Backofen auf 220 °C (Umluft: 200 °C) vorheizen. Muffinform mit Papierförmchen auslegen. Paprika putzen, waschen und klein würfeln.

3. Quinoa mit Paprika, Mozzarella und Parmesan vermischen. Teig gleichmäßig in der Muffinform verteilen. Im vorgeheizten Backofen ca. 15–20 Minuten backen.

EIER-MUFFINS

Zutaten für 6 Stück

etwas Fett für die Form,
1 kleine rote Paprikaschote, 3 Cherrytomaten,
2 Scheiben gekochter Schinken,
6 Eier, etwas Milch,
Salz, frisch gemahlener Pfeffer,
50 g geriebener Gratinkäse, 6 TL Parmesan,
½ Bund Schnittlauch

Zubereitungszeit *ca. 40 Min.*

Nährwertangaben

pro Stück: 167 kcal,
13 g Eiweiß, 11 g Fett,
3 g Kohlenhydrate

1. Backofen auf 240 °C (Umluft: 220 °C) vorheizen. Muffinform mit Fett ausstreichen. Paprika putzen, waschen und klein würfeln. Tomaten waschen, halbieren, vom Stielansatz befreien und würfeln. Schinken klein würfeln.

2. Paprika, Tomaten und Schinken gleichmäßig in die Muffinförmchen füllen. Eier mit etwas Milch verschlagen und mit Salz und Pfeffer würzen. Eimischung in die Förmchen gießen. In jedes Förmchen etwas Gratinkäse zugeben und mit Parmesan bestreuen. Im vorgeheizten Backofen ca. 20 Minuten backen. Schnittlauch waschen, trocken schütteln und in Ringe schneiden. Eiermuffins mit Schnittlauchröllchen bestreut servieren.

LEINSAMEN-PIZZA

Zutaten für 1 Pizza

*150 g geschroteter Leinsamen,
2 große Eier, 80 g geriebener Parmesan,
1 Prise Salz, 100 ml Tomatensoße,
100 g Salami, 2 Scheiben Schinken,
100 g Mais, 100 g Käse zum Bestreuen, etwas Rauke*

Zubereitungszeit *ca. 35 Min.*

Nährwertangaben

pro Pizza: 2141 kcal,
150 g Eiweiß, 148 g Fett,
28 g Kohlenhydrate

1. Backofen auf 180 °C (Umluft: 160 °C) vorheizen. Backblech mit Backpapier auslegen. Leinsamen, Eier, Parmesan und 1 Prise Salz miteinander vermischen. Teig mit einer Gabel dünn auf dem Backpapier verstreichen.

2. Teig im vorgeheizten Backofen ca. 8 Minuten backen. Herausnehmen und mit Tomatensoße bestreichen. Mit Salami, Schinken und Mais belegen. Mit Käse bestreuen. Im vorgeheizten Backofen weitere ca. 15–20 Minuten backen. Rauke waschen und trocken schütteln. Leinsamen-Pizza mit Rauke bestreut servieren.

GEMÜSE-QUICHE

Zutaten für ca. 10 Stücke

½ kleiner Weißkohl, 3 rote Zwiebeln, 1 Stangensellerie, 3 weiße Champignons, 1 große Möhre, 2 Tomaten, 100 g Schinkenspeck, 1 Handvoll Kräuter (z. B. Schnittlauch, Petersilie, Dill, Basilikum), 3 EL Öl, Kräutersalz, frisch gemahlener Pfeffer, etwas frisch geriebener Muskat, 2 Eier, 200 g saure Sahne, 200 g geriebener Käse

Zubereitungszeit *ca. 1 Std. und 15 Min.*

Nährwertangaben

pro Stück: 199 kcal, 11 g Eiweiß, 14 g Fett, 6 g Kohlenhydrate

1. Weißkohl waschen und klein würfeln. Zwiebeln schälen und fein hacken. Stangensellerie waschen und in kleine Stücke schneiden. Champignons putzen und in Scheiben schneiden. Möhre putzen, schälen und raspeln. Tomaten waschen, halbieren, vom Stielansatz befreien und in Scheiben schneiden. Schinkenspeck klein würfeln. Kräuter waschen, trocken schütteln und klein schneiden.

2. Öl in einer Pfanne erhitzen. Weißkohl und Zwiebeln darin ca. 5 Minuten leicht anbräunen. Stangensellerie, Champignons, Möhre, Tomaten und Schinkenspeck zugeben und weitere ca. 5 Minuten dünsten. Mit Kräutersalz, Pfeffer und Muskat abschmecken. Pfanne vom Herd nehmen.

3. Backofen auf 170 °C (Umluft: 150 °C) vorheizen. Eier verschlagen. Saure Sahne und Käse zufügen und vermischen. Gemüse-Schinken-Mischung in eine Schüssel füllen und mit der Sahne-Käse-Mischung gut vermischen. Kräuter zugeben und vermengen.

4. Eine Springform (26 cm Durchmesser) mit Backpapier auslegen und Masse gleichmäßig darauf verteilen. Im vorgeheizten Backofen ca. 50–60 Minuten backen, bis die Oberfläche leicht gebräunt ist. Die Gemüse-Quiche schmeckt heiß und kalt.

GEMÜSE-THUNFISCH-MUFFINS

Zutaten für 6 Stück

etwas Fett für die Form,
1 Dose Thunfisch im eigenen Saft, 1 Zwiebel,
½ Zucchini, ½ Paprikaschote, 1 Bund Dill,
1 Ei, 50 g geriebener Käse,
Salz, frisch gemahlener Pfeffer, Paprikapulver,
200 g Joghurt, 200 g Kräuterfrischkäse,
1 EL Sahne-Meerrettich

Zubereitungszeit *ca. 45 Min.*

Nährwertangaben

pro Stück: 201 kcal,
14 g Eiweiß, 13 g Fett,
5 g Kohlenhydrate

1. Backofen auf 180°C (Umluft: 160 °C) vorheizen. Muffinform mit Fett ausstreichen. Thunfisch gut abtropfen lassen. Zwiebel schälen und fein hacken. Zucchini schälen, evtl. Kerne entfernen und Fruchtfleisch klein würfeln. Paprika putzen, waschen und klein würfeln. Dill waschen, trocken schütteln und Fähnchen fein hacken.

2. Abgetropften Thunfisch zerpflücken und mit Zwiebel, Zucchini, Paprika und Dill vermischen. Ei und Käse zufügen und alles gut vermengen. Mit Salz, Pfeffer und Paprikapulver würzen. Thunfisch-Gemüse-Masse in die Muffinförmchen füllen und im vorgeheizten Backofen ca. 30 Minuten backen.

3. Aus Joghurt, Kräuterfrischkäse und Sahne-Meerrettich einen Dip zubereiten und mit Salz und Pfeffer abschmecken. Gemüse-Thunfisch-Muffins mit Dip und einem kleinen Salat servieren.

PARMESAN-HAPPEN

Zutaten für 16 Stück

1 Knoblauchzehe, 150 g geriebener Mozzarella, 50 g Mandelmehl, 25 g Kokosmehl, 2 TL Backpulver, Salz, 90 g zimmerwarme Butter, 1 Ei, 30 g geriebener Parmesan, etwas Petersilie, etwas Knoblauchpulver

Zubereitungszeit *ca. 1 Std.*

Nährwertangaben

pro Stück: 93 kcal, 4 g Eiweiß, 8 g Fett, 1 g Kohlenhydrate

1. Knoblauch schälen und fein hacken. Mozzarella in einen kleinen Topf geben und bei mittlerer Hitze unter ständigem Rühren schmelzen. Knoblauch, Mozzarella, Mandel- und Kokosmehl, Backpulver und etwas Salz vermischen. 65 Gramm Butter und Ei zufügen und alles gut vermengen. Ist die Masse noch zu weich, etwas Mandelmehl zugeben. Backofen auf 200 °C (Umluft: 180 °C) vorheizen. Backblech mit Backpapier auslegen.

2. Teig in 16 gleich große Portionen teilen. Jedes Teigstück zu einer ca. 15 Zentimeter langen Rolle formen und nach Belieben verknoten. Knoten auf das Backpapier legen. Restliche Butter, Parmesan und Petersilie vermischen und mit Salz und Knoblauchpulver abschmecken. Parmesanbutter in 2 Portionen teilen. 1 Portion beiseitestellen. Alle Knoten mit restlicher Parmesanbutter bepinseln und im vorgeheizten Backofen ca. 20 Minuten goldbraun backen. Backblech aus dem Backofen nehmen und Knoten mit beiseitegestellter Parmesanbutter bepinseln. Warm servieren.

BLUMENKOHL-PIZZA

Zutaten für 2 Pizzas

1 Zwiebel, 2 Knoblauchzehen, 2 EL Olivenöl, 1 Dose stückige Tomaten (425 g), Salz, frisch gemahlener Pfeffer, Oregano, 1 kg Blumenkohl, 300 g Tomaten, 2 Frühlingszwiebeln, 200 g Gouda, ½ Bund Basilikum, 250 g Mozzarella

Zubereitungszeit *ca. 1 Std. und 30 Min.*

Nährwertangaben

pro Pizza: 1035 kcal,
64 g Eiweiß, 68 g Fett,
31 g Kohlenhydrate

1. Zwiebel und Knoblauch schälen und fein hacken. Öl in einem Topf erhitzen. Zwiebel und Knoblauch darin ca. 5 Minuten andünsten. Stückige Tomaten zufügen, kurz aufkochen und weitere ca. 5 Minuten unter Rühren köcheln lassen. Mit Salz, Pfeffer und Oregano kräftig abschmecken.

2. Blumenkohl putzen, waschen und in kleine Röschen teilen. In kochendem Salzwasser ca. 4 Minuten blanchieren, herausnehmen und in Eiswasser abkühlen. Abtropfen lassen. Tomaten waschen, vom Stielansatz befreien und in Scheiben schneiden. Frühlingszwiebeln putzen, waschen und in dünne Röllchen schneiden. Gouda grob raspeln. Mozzarella in Scheiben schneiden. Blumenkohl grob raspeln. Backofen auf 220 °C (Umluft: 200 °C) vorheizen. 2 Backbleche mit Backpapier auslegen.

3. Blumenkohl und Gouda miteinander vermischen. In 2 Portionen teilen. Jeweils 1 Portion auf dem Backpapier zu einem runden Pizzaboden (ca. 30 cm Durchmesser) formen. Im vorgeheizten Backofen nacheinander ca. 10 Minuten backen.

4. Blumenkohl-Böden herausnehmen und mit Tomatensoße bestreichen. Basilikum waschen, trocken schütteln, Blättchen abzupfen und fein hacken. Blumenkohl-Böden mit Tomatenscheiben, Frühlingszwiebeln und Mozzarella belegen und mit Basilikum bestreuen. Pizzas im vorgeheizten Backofen nacheinander ca. 12 Minuten backen.

ZUCCHINI-FETA-MUFFINS

Zutaten für 6 Stück

*2 mittelgroße unbehandelte Zucchini, Salz,
20 g zimmerwarme Butter und etwas Butter für die Form,
50 g Mandelmehl, 20 g Kokosmehl,
20 g neutrales Eiweißpulver, 1 TL Backpulver,
frisch gemahlener Pfeffer, Oregano,
Knoblauchpulver, 2 Eier, 3 EL Milch, 25 g Feta*

Zubereitungszeit *ca. 45 Min. + ca. 30 Min. Ruhezeit*

Nährwertangaben

pro Stück: 145 kcal,
11 g Eiweiß, 9 g Fett,
4 g Kohlenhydrate

1. Zucchini putzen. Mit einem Spiralschneider in dünne Streifen schneiden. In ein Sieb geben und mit etwas Salz bestreuen. Ca. 30 Minuten ruhen lassen. Mit Wasser abspülen und mit Küchenpapier trocken tupfen. Zucchinistreifen klein schneiden. Backofen auf 200 °C (Umluft: 180 °C) vorheizen. Muffinform mit Butter ausstreichen.

2. Butter in einen kleinen Topf geben und bei geringer Hitze schmelzen. Zucchini mit Mandel- und Kokosmehl, Eiweißpulver und Backpulver vermischen. Mit Salz, Pfeffer, Oregano und Knoblauchpulver würzen. Geschmolzene Butter, Eier und Milch zugeben und alles gut verrühren. Feta zerbröseln und unterrühren.

3. Masse gleichmäßig in den Muffinförmchen verteilen und im vorgeheizten Backofen ca. 20–25 Minuten goldbraun backen.

REZEPTREGISTER

Bildnachweis

Shutterstock: 2 re. kateblc; 2 li. stezzon; 3 re. Natalie_Barth; 3 li. spline_x; 5 JRP Studio; 6 JRP Studio; 10 margouillat photo; 13 o. re. JRP Studio; 13 u. li. Ksenija Toyechkina; 13 u. re., 13 o. li. Natasha Breen; 15 Alex Berger; 21 Oksana Mizina; 23 vm2002; 25 JLwarehouse; 27 u. li. Yanawut Suntornkij; 27 o. re. ninikas; 27 o. li. Evgeniy Ivoilov; 27 u. re. Salvatore Chiariello; 29 li. lozas; 29 re. lozas; 29 Mi. Goskova Tatiana; 31 Malyugin; 33 o. re. little lulu; 33 o. li. amixstudio; 33 u. re. Oxana Denezhkina; 33 u. li. SherSor; 35 AnjelikaGr; 37 re. wsf-s; 37 Mi. wsf-s; 37 li. wsf-s; 39 BBA Photography; 41 Elena Veselova; 43 A_Lein; 47 stezzon; 49 pingpongcat; 51 teleginatania; 53 Mi. Monkey Business Images; 53 li. Foodpictures; 53 re. Svetlana Lukienko; 55 o. re. Tatiana Vorona; 55 u. re. viennetta; 55 u. li. stoica ionela; 55 o. li. Jaemsri praikajee; 57 AlenaKogotkova; 59 re. Artem Shadrin; 59 Mi. librakv; 59 li. Atmospherics; 61 Photoalenka; 63 David Tadevosian; 65 Anna Kurzaeva; 69 beta7; 71 Momomimee; 73 u. re. SKABARCAT; 73 u. li. Geshas; 73 o. Ksenija Toyechkina; 75 o. li. kateblc; 75 o. re Amallia Eka; 75 u. re. Amallia Eka; 75 u. li. Amallia Eka; 77 Ekaterina Smirnova; 79 Anna Shepulova; 81 Agnes Kantaruk; 83 Elena Veselova; 85 Miuda; 87 o. li. LennonLand; 87 u. re. KatharinaRau; 87 u. li. MShev; 87 o. re. Tomasz Jasiewicz; 91 o. li. Irina Meliukh; 91 o. re. Pani_Elena; 91 u. Ildi Papp; 93 Aris Setya; 95 Barbara Dudzinska; 97 re. Elena Elisseeva; 97 li. kamon_saejueng; 99 kpatyhka; 101 O_Schmidt; 103 u. re. sruilk; 103 u. li. Jenny Sturm; 103 o. re. schmaelterphoto; 103 o. li. purplequeue; 105 Nelli Syrotynska; 107 Christian Jung; 109 o. re. Tobik; 109 u. re. Atiwan Janprom; 109 u. li. BW Folsom; 109 o. li. Snaprender; 111 Nataliya Arzamasova; 115 o. re. Konstantin Kolosov; 115 o. li. Manfred Ruckszio; 115 u. li. Shebeko; 115 u. re. photobobs; 117 Space Monkey Pics; 119 Olha Afanasieva; 121 Joanna Dorota; 123 re. marekuliasz; 123 li. Natalie_Barth; 125 o. re. dorsetman; 125 u. re. Viktory Panchenko; 125 u. li. Oksana Mizina; 125 o. li. Bildagentur Zoonar GmbH; 127 Jevgeni Mironov; 129 o. li. kostrez; 129 o. re. Lindica; 129 u. re. s_karau; 129 u. li. Regesha Iryna; 131 re. HandmadePictures; 131 Mi. ffolas; 131 li. PJjaruwan; 133 Kiian Oksana; 135 u. li. Wingedbull; 135 o. re. Wingedbull; 135 u .re. kikovic; 135 o. li. klauscook; 139 AS Food studio; 141 u. re. RazoomGame; 141 u. li. juefraphoto; 141 o. re. juefraphoto; 141 o. li. racorn; 143 Hans Geel; 145 li. DeymosHR; 145 re. joannawnuk; 147 Elena Shashkina; 149 A_Lein; 151 spline_x; 153 re. bikeriderlondon; 153 Mi. ffolas; 153 li. ffolas; 155 Brent Hofacker; 157 o. li. Irina Timokhina; 157 u. li. ESstock; 157 o. re. etorres; 157 u. re. Andrey Starostin; Coverabbildungen: siehe Innenteil

Impressum

www.vivo-buch.de

ISBN 978-3-945623-25-1

Komplettproducing: twinbooks, München
Text und Lektorat: Linda Freutel, Jana Lösch, Eva Hutter für twinbooks, München